Welcome back

1 Numbers and letters

weather, cold, rainy, sun, clouds, mountains, snow, snow, storms, good, place, warm, sunny, weather.

The secret sentence: *Wind and rain, clouds and snow – hurry up! It's time to go.*

2 The fourth word

1 cold, *2* warm, *3* rain, *4* those, *5* winter, *6* cloudy, *7* throw, *8* take, *9* rode, *10* country

3 Odd word out

1 sun, *2* library, *3* glasses, *4* post, *5* stage, *6* caravan, *7* she, *8* drank

4 Lost words

1 for, *2* on, *3* of, *4* to, *5* in, *6* by, *7* at, *8* into

5 Word snake

1 island, *2* key, *3* caravan, *4* glue, *5* plane, *6* library, *7* view, *8* sky, *9* corner, *10* cloud, *11* country, *12* price/prize

6 Word pairs

book: read, **clothes:** wear, **door:** knock, **photos:** take, **bed:** sleep, **mistake:** make, **plane:** fly

7 Spot the mistakes

1 eated: ate, Anandas: Ananda's
2 flied: flew, yier: year
3 rided: rode, baik: bike
4 she: her, comed: came
5 taked: took, cais: case
6 meeted: met, childs: children

8 Bits and pieces

1 holiday – Urlaub
2 villa – Ferienhaus
3 island – Insel
4 anyway – trotzdem
5 weather – Wetter
6 postcard – Postkarte
7 caravan – Wohnwagen
8 travel – reisen
9 something – etwas
10 moutain – Berg

9 What's the word: *much* or *many*?

a) *1* ~~much~~/many *2* much/~~many~~, *3* much/~~many~~, *4* ~~much~~/many *5* ~~much~~/many
b) *1* music, *2* exercises, *3* English grammar, *4* bread, *5* hobbies

10 Crossword

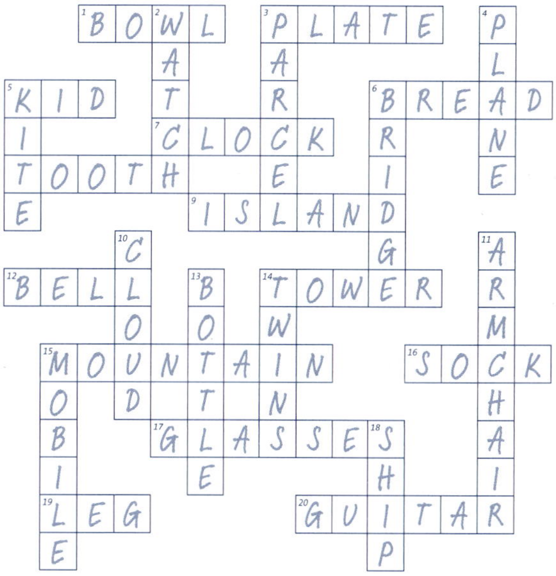

11 Word search

C	R	I	S	P	S	C	W	Q	B	I	S	C	U	I	T
H	D	T	O	O	T	H	S	A	U	S	A	G	E	Q	T
I	S	Q	P	T	O	E	F	S	O	V	G	G	R	W	I
C	Y	B	G	Q	H	E	Y	H	Q	I	S	R	M	B	M
K	S	A	U	N	T	S	A	I	U	P	T	A	I	O	E
E	O	F	I	S	H	E	D	R	J	A	U	N	C	O	T
N	C	G	X	J	P	B	A	T	C	R	D	D	E	T	A
V	K	R	M	L	O	O	U	F	L	R	E	P	M	S	B
J	S	A	O	E	T	A	G	H	A	O	N	A	B	R	L
U	D	N	U	G	A	R	H	A	S	T	T	R	X	A	E
N	R	D	T	M	T	D	T	N	S	D	U	E	S	B	W
C	B	C	H	N	O	M	E	D	R	R	A	N	H	B	M
L	R	H	E	M	Q	J	R	V	T	O	P	T	O	I	O
E	E	I	A	C	H	I	L	D	R	E	N	S	E	T	U
C	A	L	D	T	E	A	C	H	E	R	Q	F	S	T	S
H	K	D	H	D	R	E	S	S	S	N	A	K	E	E	E

Clothes:
top – Oberteil, boots – Stiefel, shirt – Hemd, shoes – Schuhe, socks – Socken, dress – Kleid
Family:
aunt – Tante, daughter – Tochter, grandparents – Großeltern, children – Kinder, grandchild – Enkel/in, uncle – Onkel

School:
teacher – Lehrer/in, student – Schüler/in, board – Tafel, timetable – Stundenplan, break – Pause, class – Klasse
Pets:
snake – Schlange, parrot – Papagei, rabbit – Kaninchen, mouse – Maus, mice – Mäuse, fish – Fisch
Food:
cheese – Käse, chicken – Huhn, biscuit – Keks, crisps – Chips, potato – Kartoffel, sausage – Wurst
Parts of the body:
hand – Hand, tooth – Zahn, head – Kopf, leg – Bein, toe – Zeh, mouth – Mund

Unit 1

1 Word families

1 rehearse/rehearsal
2 describe/description
3 drink/drink
4 invite/invitation
5 live/life
6 dance/dance

2 What are the words?

1 near the lake
2 on the left
3 behind the tree
4 at the bottom of the mountain
5 in the foreground
6 under water

3 Crossword

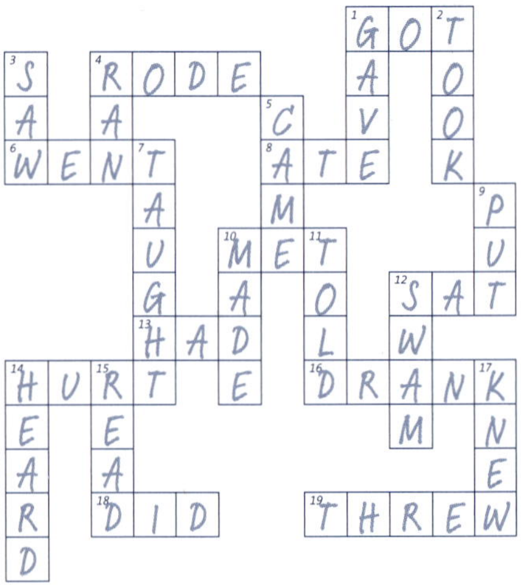

4 Scrambled words

1 church, *2* supermarket, *3* shop, *4* School, *5* Tower, *6* bridge, *7* station, *8* library, *9* museum, *10* house

The secret word: *crocodiles*

5 The fourth word

1 foreground, *2* slow, *3* behind, *4* toe, *5* her, *6* hutch

6 Odd word out

1 dangerous, *2* bedroom, *3* cooker, *4* choir, *5* loud, *6* bike, *7* cards, *8* go

7 Word search

E	A	S	Y	N	I	C	E	V	J	R	I
S	W	A	R	M	D	B	A	D	N	O	N
G	B	O	R	I	N	G	G	R	E	A	T
O	N	N	R	O	V	E	S	U	R	D	E
O	F	C	O	L	D	C	Z	E	U	I	R
D	T	O	W	O	N	O	N	D	D	F	E
N	Q	U	I	E	T	O	Z	C	E	F	S
T	E	R	R	I	B	L	E	F	V	I	T
G	W	R	O	N	G	L	N	A	O	C	I
N	R	I	G	H	T	H	M	S	A	U	N
S	L	O	W	L	W	O	K	T	N	L	G
L	O	U	D	Y	K	T	R	D	H	T	O

1 interesting/boring
2 great/terrible
3 good/bad
4 easy/difficult
5 quiet/loud
6 hot/cold
7 nice/rude
8 right/wrong
9 cool/warm
10 fast/slow

8 Word snail

describe, dangerous, background, lake, between, slow, speak, clothes, cooker, foggy, flight, rude

The secret words: *back to school*

9 Plurals

1 **Mann** – man – **men**
2 **Leben** – life – **lives**
3 Zahn – **tooth** – **teeth**
4 **Kind** – child – **children**
5 Frau – **woman** – **women**
6 **Held/Heldin** – hero – **heroes**

7 **Maus** – **mouse** – mice
8 Fuß – **foot** – **feet**

10 Word ladder

home, **some**, **same**, **game**, **gave**, **give**, **live**, **like**, bike

11 Lost words

1 light ... on, *2* for ... walk
3 by car, *4* bottom of
5 calm down, *6* in trouble

12 Spot the mistakes

1 flait: flight, too: to
2 gos: goes, bai: by
3 sea: see, on: in,
4 match: much, fju: few
5 allmost: almost, asliep: asleep

13 Word groups

sports and hobbies:
collect stamps, go surfing, go swimming, make models, play the guitar, skate
theatre:
act, play, rehearse, scene, show, ticket
head:
ears, eyes, face, hair, mouth, nose, teeth
travel:
bike, boat, bus, car, plane, ship, train

14 Word web

1 after, *2* answer, *3* water, *4* colour, *5* guitar, *6* wear, *7* danger, *8* hair, *9* father, *10* hour, *11* letter, *12* number

Unit 2

1 Scrambled words: clothes

1 skirt, *2* sweatshirt, *3* trousers, *4* pullover, *5* jacket, *6* blouse

The secret word: *shorts*

2 Word search

bathroom, bed, chair, clock, cooker, cupboard, dishwasher, door, fridge, kitchen, shelf, shower, stairs, toilet, wardrobe, window

D	C	S	C	P	T	C	H	A	I	R	B
O	D	H	R	F	S	T	A	I	R	S	E
O	I	O	B	K	I	T	C	H	E	N	D
R	S	W	A	R	D	R	O	B	E	J	W
O	H	E	Q					C	J	U	I
C	W	R	E					U	P	M	N
O	A	M	D					P	T	S	D
O	S	B	N					B	O	H	O
K	H	F	R	I	D	G	E	O	I	E	W
E	E	N	U	U	J	G	D	A	L	L	P
R	R	W	C	L	O	C	K	R	E	F	E
B	A	T	H	R	O	O	M	D	T	P	H

3 Word snake

1 heard/hear
2 spend/spend
3 bought/buy
4 drove/drive
5 thought/think
6 found/find
7 wore/wear
8 lent/lend
9 taught/teach
10 knew/know

4 Lost words

1 Hers, *2* yours, *3* mine, *4* theirs, *5* his, *6* ours

5 The fourth word

1 film, *2* lost, *3* somebody, *4* taught, *5* trousers, *6* drive, *7* heroes, *8* spent, *9* happy, *10* ours

6 Words with different meanings

1 save: retten, sparen
2 meet: kennenlernen, treffen
3 know: wissen, kennen
4 right: richtige, rechten
5 show: Show, zeigen
6 free: freier, kostenlose
7 just: genau, nur
8 present: Gegenwart, Geschenk
9 cool: cool, kühl
10 look: aussehen, schauen

7 Word friends

do: an exercise, a project, sport, tricks
have: a drink, an idea, a party, fun
make: a film, a noise, a mistake, the bed

8 Bits and pieces
1 letter – Brief
2 charity – Wohlfahrtsorganisation
3 moment – Moment
4 problem – Problem
5 everybody – jeder / alle
6 trousers – Hose
7 cinema – Kino
8 describe – beschreiben
9 longest – längste / am längsten
10 person – Person
11 survey – Umfrage / Untersuchung
12 amazing – erstaunlich / unglaublich

9 What are the words?
1 the youngest, 2 hotter, 3 cheaper, 4 the best, 5 older, 6 the biggest

10 Pronunciation
1 fun, run, one, sun (ʌ)
2 fair, pair, prepare, there (eə)
3 design, fine, mine shine (aɪ)
4 flew, threw, through, who (uː)

1 country, 2 son, 3 bunk, 4 stairs, 5 scared, 6 careful, 7 describe, 8 eye, 9 island, 10 rude, 11 cool, 12 grew

The secret sentence: *I'd like to be on an island where the sun always shines.*

11 Opposites
1 black, 2 love, 3 Take off 4 big, 5 cheap, 6 won, 7 worst, 8 found, 9 interesting/exciting, 10 after, 11 fast, 12 top, 13 background, 14 cold

Unit 3

1 Scrambled words: pets
1 guinea pig, 2 rabbit, 3 fish, 4 tortoise, 5 horse, 6 dog, 7 budgie, 8 hamster

The 'secret pet' is a parrot.

2 Word search: wild animals

H	I	W	W	W	V
E	S	R	F	O	X
D	Q	F	R	O	G
G	U	M	G	D	Y
E	I	O	L	P	E
H	R	L	B	E	E
O	R	E	U	C	M
G	E	J	B	K	R
R	L	O	E	E	P
S	D	E	E	R	D

fox – Fuchs
frog – Frosch
deer – Reh
hedgehog – Igel
squirrel – Eichhörnchen
mole – Maulwurf
woodpecker – Specht

3 Spot the mistakes
1 serie: series, programes: programmes
2 Their: There, then: than
3 fokses: foxes, citys: cities
4 too: two, nere: near
5 well: good, wants: want
6 dokumentary: documentary, abaut: about
7 mause: mouse, jard: yard

4 Word ladder
most, **lost**, **lose**, **love**, **live** **five**, **fine**, find

5 Definitions
1 grey, trees – **squirrel**
2 shoes, sport – **trainers**
3 night, shines – **moon**
4 building, watch – **cinema**
5 throw, bin – **rubbish**
6 word, ready – **prepare**
7 wear, cold – **gloves**

6 Numbers and letters
1 slowly, clearly, 2 angrily, 3 quickly, 4 happily, 5 carefully, 6 nervously, 7 loudly, 8 badly

The secret sentence: *Dad always drives slowly and carefully on rainy days.*

7 Picture puzzle
camel, elephant, giraffe, hippo, kangaroo, lion, zebra

8 Word snail
sang, made, hid, slept, let, put, lost, wrote, gave, chose, brought, fed

The secret words are: *Smile please!*

9 Word groups

Holiday We went by ... car, plane, ship, train
We stayed in a ... bed and breakfast, caravan, hotel
Clothes Only for girls! blouse, dress, skirt
For boys and girls hat, pullover, shirt, shoes, socks, trousers
Weather It was ... cold, cool, foggy, stormy, sunny, windy Look at the ... clouds, rain, snow

10 Crossword

Unit 4

1 Odd word out

1 clean, *2* hear, *3* river, *4* Germany, *5* farm, *6* woodpecker, *7* yard, *8* noise,

2 What's the word: *in* or *on*?

1 in/in, *2* in/auf, *3* on/an, *4* on/im, *5* in/am, *6* on/am, *7* in/am, *8* on/im, *9* in/im, *10* in/auf, *11* on/im, *12* on/auf

3 Word snake

1 be – was – been
2 make – made – made
3 eat – ate – eaten
4 take – took – taken
5 go – went – gone
6 see – saw – seen
7 do – did – done
8 have – had – had
9 come – came – come
10 find – found – found

4 Word friends

1 **do**: a good job, an exercise
2 **go**: by car, for a walk
3 **make**: breakfast, an appointment
4 **have**: a birthday party, a baby

5 The fourth word

1 clean, *2* explanation, *3* paragraph, *4* noisy/loud, *5* smell, *6* taken, *7* sheep, *8* Welsh

6 Word mix

1 Let's go on holiday to Wales.
2 There are lots of fantastic old castles there.
3 You'll see mounains, hills and valleys.
4 The railway museum is an interesting place.
5 Many Welsh people speak Welsh.
6 But everybody speaks English too.
7 So we won't have problems with the language.

7 Hour glasses

1	AGO	1	BED
2	AGREE	2	FOXES
3	BEACH	3	EMPTY
4	FUNNY	4	SALAD
5	ADD	5	BAD
	M		N
6	DOG	6	WAS
7	WATCH	7	HATED
8	OTHER	8	NOISE
9	BREAK	9	FLOOR
10	ARE	10	END

Das geheime Wort in der rechten Sanduhr heißt:
Englisch – explanation, Deutsch – Erklärung

8 Word search: parts of the body

arm, ear, eyes, face, fingers, foot, hair, hand, head, knee, leg, mouth, nose, shoulder, stomach, throat, toes, tooth

The secret word: *thermometer*

P	C	A	P	F	U	B	T	O	E	S
A	A	R	E	O	H	F	K	K	A	T
W	T	M	J	O	Y	I	N	J	R	O
S	O	T	I	T	V	N	E	H	X	M
H	O	F	A	C	E	G	E	H	Y	A
O	T	N	T	I	C	E	E	Y	E	C
U	H	O	H	A	M	R	Y	X	R	H
L	E	G	R	N	O	S	E	R	G	D
D	A	H	O	F	U	S	H	A	N	D
E	R	E	A	S	T	M	H	A	I	R
R	T	O	T	Q	H	E	A	D	O	Q

9 Lost words
1 never, *2* yet, *3* just, *4* never, *5* just, *6* yet, *7* already, *8* ever, *9* never, *10* already

10 Word pairs
nod: head, **download**: software
cook: dinner, **pack**: suitcase
feed: animals, **wear**: pyjamas
ride: bike, **write**: report

11 Pronunciation
1 could, good, wood, would (ʊ)
2 art, heart, part, start (ɑː)
3 afraid, made, played, stayed (eɪ)
4 boat, note, throat, wrote (əʊ)

1 cook, *2* foot, *3* woman, *4* are, *5* chance, *6* laugh, *7* grey, *8* explain, *9* wave, *10* shoulder, *11* cold, *12* alone

The secret sentence: *Can you explain why the woman's shoulder hurts?*

12 Word ladder
sure, **sore**, **more**, **move**, **love**, **live**, **life**, wife

Unit 5

1 A German-English crossword

2 Spot the mistakes
1 idees: ideas, turist: tourist
2 no: know, hear: here
3 sience: science, exiting: exciting
4 lern: learn, slavs: slaves
5 our: hour, enaugh: enough

3 Word snail
bought, rung, given, said, written, known, built, thought, gone, found, read

The secret words: *Bristol tour*

4 What are the words?
1 which, *2* who, *3* which, *4* who, *5* who, *6* which, *7* who

5 Word search
1 forest, *2* mountains, *3* tunnel, *4* statue, *5* heart, *6* dice, *7* thermometer, *8*, factory, *9* angel, *10* castle, *11* railway, *12* gloves, *13* cow, *14* pyjamas, *15* sheep, *16* river

T	H	E	R	M	O	M	E	T	E	R	M
G	L	O	V	E	S	S	E	M	F	H	O
T	U	R	A	I	L	W	A	Y	A	Y	U
U	S	T	A	T	U	E	J	E	C	R	N
N	Y	Q	N	X	K	I	Z	L	T	C	T
N	N	U	G	E	T	I	C	E	O	C	A
E	O	F	E	A	N	F	Q	F	R	S	I
L	O	O	L	T	D	O	R	B	Y	H	N
H	E	A	R	T	M	R	I	C	B	E	S
P	C	A	S	T	L	E	V	Z	C	E	Y
P	Y	J	A	M	A	S	E	I	O	P	O
V	I	D	I	C	E	T	R	J	W	K	R

6 Odd word out
1 Bristol, *2* build, *3* family, *4* famous, *5* tunnel, *6* proud

7 Word families

Verb	Noun
build	building
explain	**explanation**
invite	invitation
install	**installation**
work	work
survive	**survival**
sing	song
win	**winner**
visit	visitor
smell	**smell**

8 Opposites
1 weak, *2* closed, *3* rich, *4* arrive, *5* beginning, *6* husband, *7* impossible, *8* clean, *9* move out, *10* south, *11* put on, *12* cheap

9 Numbers and letters
1 firemen, *2* teacher, *3* singer,
4 engineer, *5* doctors, *6* reporter,
7 policewoman, *8* shop assistant

The secret sentence: *When I'm older, I want to be a star.*

10 Word friends
arrive: in Bristol, late
become: a singer, tired
miss: a turn, my friends
look: at me, sad
speak: to the teacher, too fast

11 The fourth word
1 disagree, *2* catch, *3* swum, *4* read,
5 who, *6* granddaughter, *7* clinic / hospital,
8 wives

12 Definitions
1 drink, friends – **pub**
2 buy, place – **market**
3 steals, other – **thief**
4 job, take – **photographer**
5 magazine, small – **booklet**
6 designs, bridges – **engineer**

13 Word groups
places in a town: bar, café, cinema, market, market, pub, shop
food: hamburger, lettuce, meat, pizza, popcorn, strawberry
family: aunt, cousin, daughter, grandson, husband, parents, wife
rooms: bathroom, bedroom, dining room, hall, kitchen, living room, toilet

Unit 6

1 Lost words
1 of, *2* for, *3* to, *4* till, *5* Between,
6 from, *7* in, *8* for

2 Odd word out
1 park, *2* round, *3* famous, *4* London,
5 stone, *6* relax

3 The fourth word
1 feet, *2* toes, *3* smell, *4* earache,
5 fog, *6* cool, *7* moon, *8* driver,
9 report, *10* weak

4 Word web
1 every, *2* foggy, *3* dirty, *4* empty,
5 funny, *6* angry, *7* early, *8* happy,
9 today, *10* diary, *11* enemy, *12* ready

5 Word snake
fly: flew, flown
feel: felt, felt
bring: brought, brought
choose: chose, chosen
teach: taught, taught
throw: threw, thrown
sing: sang, sung
speak: spoke, spoken
hide: hid, hidden
ride: rode, ridden

6 Hour glasses

1	B A D
2	E M P T Y
3	P A P E R
4	C R O S S
5	B I G
	N
6	I T S
7	R O M A N
8	D R E A M
9	M O N T H
10	A T E

1	E G G
2	D I R T Y
3	H E A R T
4	S U N N Y
5	A D D
	F
6	M A P
7	B A T H S
8	O T H E R
9	B L E E P
10	A R T

Das geheime Wort: *Englisch – appointment; Deutsch – Termin*

7 Word search
1 drink, *2* catch, *3* survive, *4* build,
5 cross, *6* turn, *7* cycle, *8* sing,
9 have, *10* wear, *11* set, *12* scan

C	Y	C	L	E	X	A	N	S	P
N	T	T	U	R	N	W	E	A	R
B	C	S	S	X	U	F	H	C	R
Q	R	U	W	B	U	I	L	D	A
S	O	R	D	R	I	N	K	X	Y
C	S	V	S	N	W	O	H	U	A
A	S	I	E	P	X	C	A	E	G
N	K	V	T	G	E	Q	V	F	H
W	G	E	K	Z	I	K	E	P	Q
T	S	I	N	G	C	A	T	C	H

8 Definitions

1 see, sky – **stars**
2 way, city – **map**
3 shop, buy – **department store**
4 stamps, send – **post office**
5 young, between – **teenager**
6 mistakes, change – **correct**

9 Words with different meanings

1 star: Stern, Star
2 before: bevor, schon mal
3 point: Punkt, zeigen
4 clean: putzen, sauber
5 walk: zu Fuß gehen, Spaziergang
6 open: Öffne, geöffnet
7 over: vorbei, über
8 move: Beweg, umziehen
9 ask: Frage stellen, bitten
10 miss: vermissen, verpassen

10 Word ladder

need, **feed**, **feet**, **felt**, **fell**, **bell**, **ball**, **hall**, **hill**, **will**, **will**, well

11 Pronunciation

1 cheer, dear, deer, here (ɪə)
2 bright, flight, quite, white (aɪ)
3 grew, threw, through, true (uː)
4 bought, brought, caught, sport (ɔː)

1 really, *2* beard, *3* disappear,
4 cycle, *5* behind, *6* IT,
7 move, *8* few, *9* proof,
10 install, *11* thought, *12* important

The secret sentence: *The man with the beard disappeared behind the rhino.*

12 Word pairs

catch: ball
catch: thief
eat: lettuce
install: software
read: booklet
set: trap
spend: time
throw: ball

13 Crossword

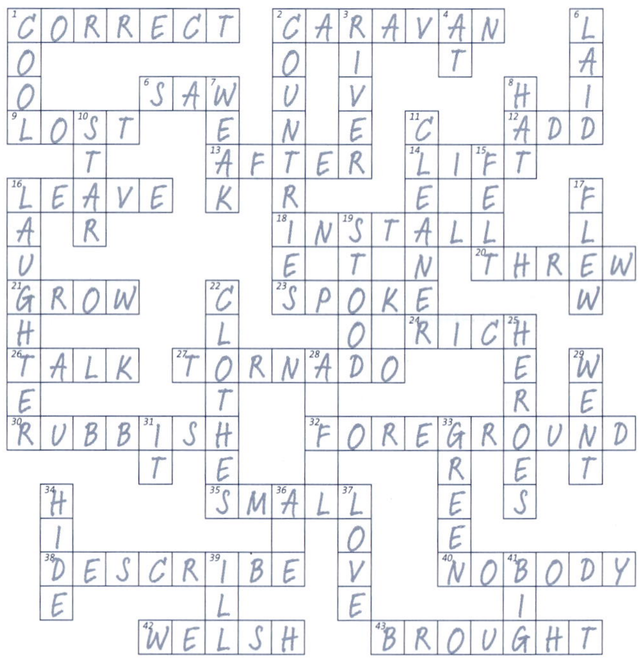

Hello and welcome! Ich bin der Wordmaster und helfe dir beim Wörterlernen.
Nachdem du neue Wörter in der Schule besprochen hast, kannst du die **New words** in diesem Buch als Vokabelheft benutzen.
Die **fett gedruckten** deutschen Wörter sind Lernwörter. Sie fehlen im englischen Satz, damit du sie eintragen kannst.

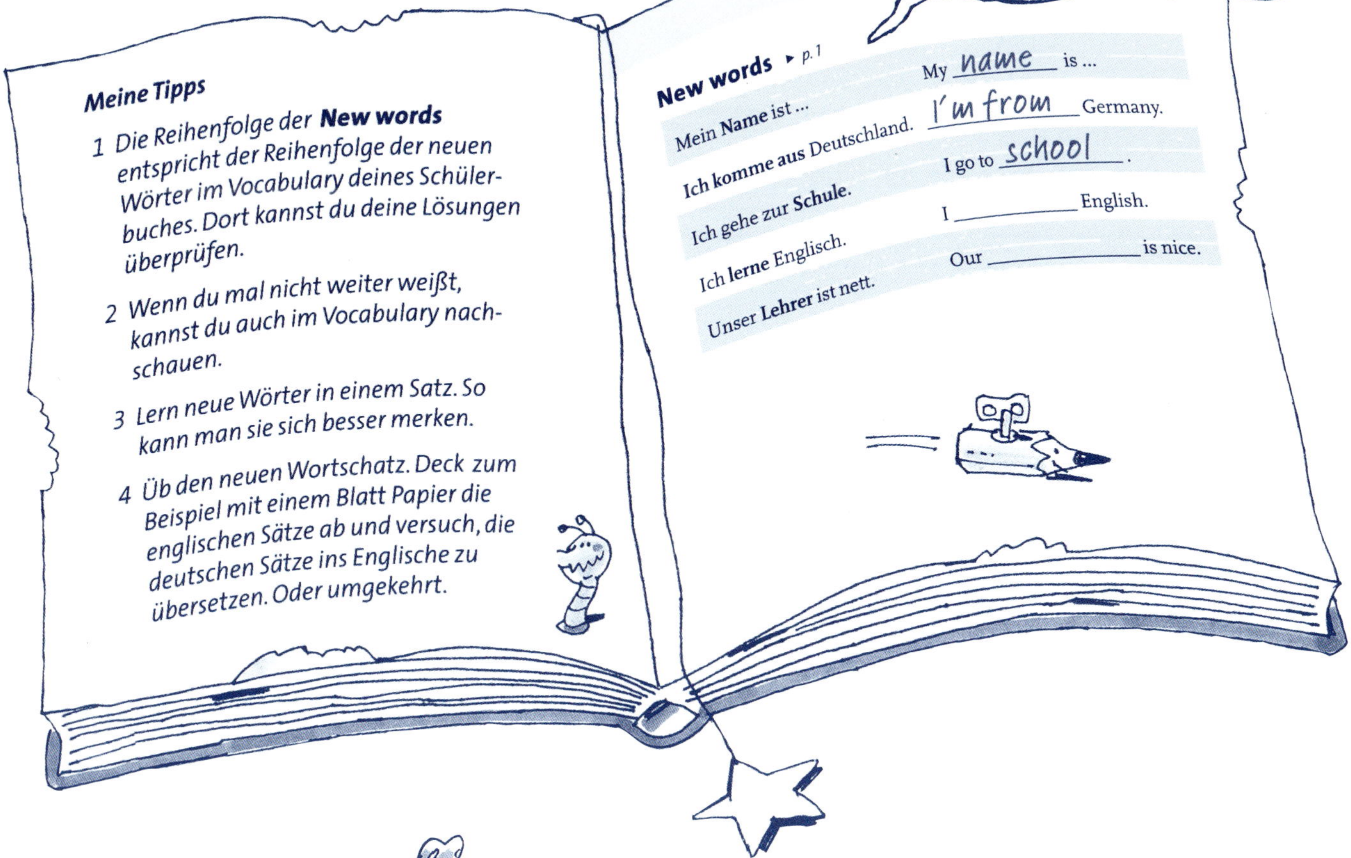

Meine Tipps
1 Die Reihenfolge der **New words** entspricht der Reihenfolge der neuen Wörter im Vocabulary deines Schülerbuches. Dort kannst du deine Lösungen überprüfen.
2 Wenn du mal nicht weiter weißt, kannst du auch im Vocabulary nachschauen.
3 Lern neue Wörter in einem Satz. So kann man sie sich besser merken.
4 Üb den neuen Wortschatz. Deck zum Beispiel mit einem Blatt Papier die englischen Sätze ab und versuch, die deutschen Sätze ins Englische zu übersetzen. Oder umgekehrt.
New words ▸ p. 1
Mein **Name** ist ... My name is ...
Ich komme aus Deutschland. I'm from Germany.
Ich gehe zur **Schule.** I go to school.
Ich **lerne** Englisch. I ______ English.
Unser **Lehrer** ist nett. Our ______ is nice.

Hi! Ich bin Ken und gebe dir Tipps. Zum Beispiel ...
Überhaupt: Es gibt neben **New words** viele lustige Übungen. Die Lösungen findest du im beigelegten Heftchen.
... das große R bedeutet Revision: Auf Deutsch Wiederholung. Hier übst du Vokabeln, die du bereits früher gelernt hast.

R

Welcome back

1 Numbers and letters: the weather

Zu jeder Zahl gehört ein Buchstabe. Finde die Lösungswörter und dann den „geheimen Satz".

Dear Sophie,

Scotland is a great country, but the ___ ___ ___ T ___ ___ ___ (5 11 15 8 1 11 13) here is really awful. It's the middle of August and it's ___ ___ ___ ___ (3 6 14 9) and ___ ___ ___ ___ ___ (13 15 12 2 4) every day. We never see the S ___ ___ (7 10 2) because there are so many big, black ___ ___ ___ ___ ___ ___ (3 14 6 10 9 7). We were in the ___ ___ ___ ___ ___ ___ ___ ___ ___ (16 6 10 2 8 15 12 2 7) last week and there was ___ ___ ___ ___ (7 2 6 5) there! That's mad – ___ ___ ___ ___ (7 2 6 5) in summer. At least there were no ___ ___ ___ ___ ___ ___ (7 8 6 13 16 7). I'm sure your holiday was much better. Majorca is usually a G ___ ___ ___ (17 6 6 9) P ___ ___ ___ ___ (18 14 15 3 11) for W ___ ___ ___ (5 15 13 16) and ___ ___ ___ ___ ___ (7 10 2 2 4) ___ ___ ___ ___ ___ ___ ___ (5 11 15 8 1 11 13).

Say hi to the others. See you soon.

Tim

The secret sentence:

___ ___ ___ ___ (5 12 2 9) ___ ___ ___ (15 2 9) ___ ___ ___ ___ (13 15 12 2), ___ ___ ___ ___ ___ ___ (3 14 6 10 9 7)

___ ___ ___ (15 2 9) ___ ___ ___ ___ (7 2 6 5) – ___ ___ ___ ___ ___ (1 10 13 13 4) ___ ___ (10 18)!

___ ___ ' ___ (12 8 ' 7) ___ ___ ___ ___ (8 12 16 11) ___ ___ (8 6) ___ ___ (17 6)!

2 The fourth word

Welches Wort fehlt hier?

1 loud – quiet	hot – cold	6 storm – stormy	cloud – ______
2 empty – full	cool – ______	7 met – meet	threw – ______
3 windy – wind	rainy – ______	8 sport – do	photos – ______
4 this – these	that – ______	9 drink – drank	ride – ______
5 July – summer	January – ______	10 Bristol – city	Germany – ______

New words ▸ pp. 6 – 7

Wir hatten ein Haus **am** Meer.	We had a house __________ sea.
Unsere Freunde hatten dort einen **Wohnwagen**.	Our friends had a __________ there.
Wir waren jeden Tag **am Strand**.	We were __________ every day.
Die Shaws **waren in Urlaub** in Cornwall.	The Shaws __________ in Cornwall.
Es war oft kalt, aber sie blieben **trotzdem**.	It was often cold, but they stayed __________ .
Lass uns heute ins **Schwimmbad** gehen.	Let's go to the __________ today.
Schick mir eine SMS, wenn du mich brauchst.	__________ if you need me.
Kann ich die **SMS** lesen?	Can I read the __________ ?
Von hier haben wir eine großartige **Aussicht**.	We've got a great __________ from here.
Kann ich mein Handy **im Flugzeug** benutzen?	Can I use my mobile __________ ?
Ich las ein Buch, **als** ich auf das Flugzeug wartete.	I read a book ______ I waited for the plane.
Fliegst du oft nach London?	Do you often ______ to London?
Sie schaute im ganzen Zimmer **umher**.	She looked all __________ the room.
Mallorca ist eine schöne **Insel**.	Majorca is a beautiful __________ .
Es ist heiß hier, wenn die Sonne **scheint**.	It's hot here when the sun __________ .
Wir haben unser **eigenes Ferienhaus**.	We've got our __________ .
Der **Himmel** war gestern so blau.	The ______ was so blue yesterday.
Warum **reisen** wir nicht nach Deutschland?	Why don't we __________ to Germany?
Meistens **fahren** wir **mit dem Auto** dorthin.	Usually we ______ there __________ .
Wie war das Wetter?	__________ ?
Wir **blieben** dort Stunden lang.	We __________ there for hours.

3 Odd word out

Ein Wort passt nicht. Finde und unterstreiche es.

1 sunny – cloudy – sun – stormy

2 library – village – city – town

3 shirt – glasses – dress – shorts

4 plane – bike – post – car

5 hall – kitchen – bedroom – stage

6 bridge – caravan – tower – church

7 she – into – from – under

8 swim – drank – eat – throw

4 Lost words

Ergänze die Sätze mit den Wörtern aus den Luftballons.

1 It's warm outside. Let's go for a walk.

2 Look! There are lots of people ________ the beach.

3 Are you scared ________ cold water?

4 The Shaws travelled ________ Cornwall on Saturday.

5 They're staying ________ a caravan.

6 We've got a nice holiday flat ________ the sea.

7 Jack is staying ________ home this summer.

8 We can go ________ town and watch some street theatre.

5 Word snake

Zwölf deutsche Wörter sind in der Schlange versteckt.
Schreibe die englischen Übersetzungen auf.

1 ________ 4 ________ 7 ________ 10 ________

2 ________ 5 ________ 8 ________ 11 ________

3 ________ 6 ________ 9 ________ 12 ________

6 Word pairs

Welche Wörter passen zusammen?

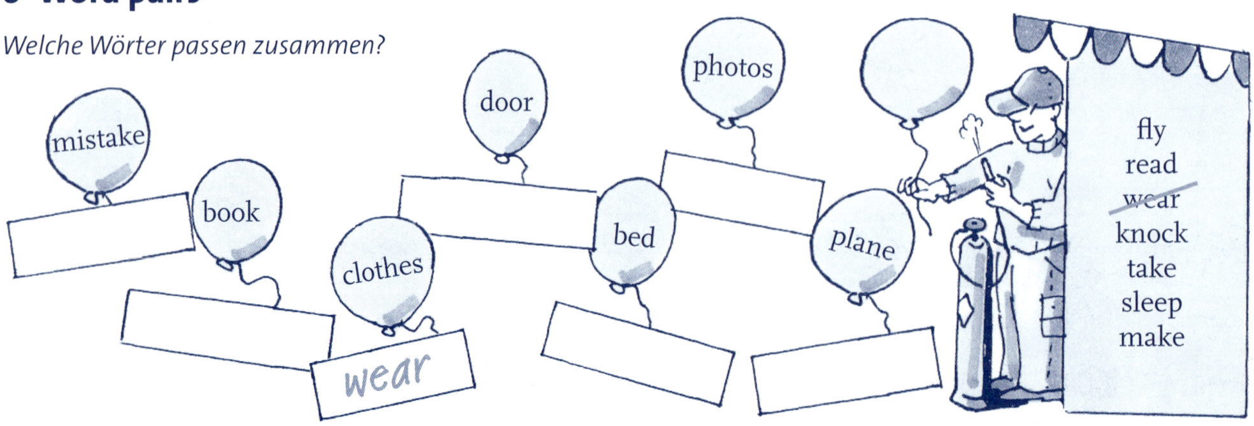

7 Spot the mistakes

In jedem Satz gibt es zwei Fehler. Unterstreiche und korrigiere sie.

1 Dan eated too much at Anandas birthday party. ate ______ ______

2 We flied to Paris last yier. ______ ______

3 Yesterday we rided to school by baik. ______ ______

4 I saw she when I comed into the room. ______ ______

5 She taked the pencil and put it into her pencil cais. ______ ______

6 I meeted two childs in the park yesterday. ______ ______

8 Bits and pieces

Setze die Bruchstücke zusammen, um Wörter zu bilden, denen du in dieser Unit begegnet bist.
Übersetze sie ins Deutsche.

~~holi~~	way
vill	land
is	~~day~~
any	ther
wea	a

1 holiday – Urlaub

2 ______

3 ______

4 ______

5 ______

post	van
cara	tain
tra	thing
some	card
moun	vel

6 ______

7 ______

8 ______

9 ______

10 ______

9 What's the word: *much* or *many*?

a) Streiche das falsche Wort durch:
much *oder* many.

1 How ~~much~~ / many days can you stay?

2 I haven't got much / many time.

3 There isn't much / many chicken in the fridge.

4 Are there much /many sausages?

b) Vervollständige die Sätze mit den richtigen Wörtern.

1 You can hear so much new ______ on the radio. (songs / music)

2 We have to do too many ______ for school. (exercises / homework)

3 I don't know very much ______ . (English grammar / English words)

4 How much ______ have we got in the cupboard? (biscuits / bread)

5 I haven't got many ______ . (free time / hobbies)

New words ▸ pp. 8 – 9

Es ist regnerisch aber nicht **neblig**.	It's rainy, but not ____________________ .
Nebel mag ich wirklich nicht.	I really don't like ____________________ .
Heute ist es nur 12 **Grad warm**.	Today it's only 12 ____________________ .
Aus welchem **Land** kommst du?	What ______________ do you come from?
Wir **fahren** jedes Jahr **ins Ausland**.	We ____________________ every year.
Der Räuber kam **durch** das Fenster hinein.	The robber came in ______________ the window.
Keiner will in den Ferien hier bleiben.	______________ wants to stay here in the holidays.
Sophie **nörgelte** über das schlechte Essen.	Sophie ____________________ about the bad food.
Dan **spricht** jeden Tag **mit** Jo.	Dan ____________________ Jo every day.
Wir können heute nicht **surfen gehen**.	We can't ____________________ today.
Nach dem Sturm sah ich Löcher im **Dach**.	After the storm I saw holes in the ______________ .
Können wir im **See** schwimmen?	Can we swim in the ______________ ?

10 Crossword: words and pictures

Across

1 Can I have a ★ for my fruit salad? (4)
3 There are three sandwiches on the ★. (5)
5 another word for 'child' (3)
6 the English word for 'Brot' (5)
7 Please get up! It's seven o' ★. (5)
8 the singular of teeth (5)
9 land with water round it (6)
12 Listen! That's the door ★. There's somebody at the front door. (4)
14 You can visit the Eiffel ★ in Paris. (5)
15 The highest ★ is Mount Everest. (8)
16 the English word for 'Socke' (4)
17 You need them to see better. (7)
19 hand – arm / foot – ★ (3)
20 Can you play the ★? (6)

Down

11 Word search

Finde die englischen Wörter im Gitter und vervollständige sie in den Boxen. Dann übersetze sie. Alle Wörter hast du in der 5. Klasse gelernt. (↓ →)

Clothes

top Oberteil
_o___ ______
s_____ ______
_ho__ ______
s_c__ ______
_r___ ______

Family

__n_ ______
d_______ ______
_r__________ ______
_______n ______
____d_____ ______
__c__ ______

C	R	I	S	P	S	C	W	Q	B	I	S	C	U	I	T
H	D	T	O	O	T	H	S	A	U	S	A	G	E	Q	T
I	S	Q	P	T	O	E	F	S	O	V	G	G	R	W	I
C	Y	B	G	Q	H	E	Y	H	Q	I	S	R	M	B	M
K	S	A	U	N	T	S	A	I	U	P	T	A	I	O	E
E	O	F	I	S	H	E	D	R	J	A	U	N	C	O	T
N	C	G	X	J	P	B	A	T	C	R	D	D	E	T	A
V	K	R	M	L	O	O	U	F	L	R	E	P	M	S	B
J	S	A	O	E	T	A	G	H	A	O	N	A	B	R	L
U	D	N	U	G	A	R	H	A	S	T	T	R	X	A	E
N	R	D	T	M	T	D	T	N	S	D	U	E	S	B	W
C	B	C	H	N	O	M	E	D	R	R	A	N	H	B	M
L	R	H	E	M	Q	J	R	V	T	O	P	T	O	I	O
E	E	I	A	C	H	I	L	D	R	E	N	S	E	T	U
C	A	L	D	T	E	A	C	H	E	R	Q	F	S	T	S
H	K	D	H	D	R	E	S	S	S	N	A	K	E	E	E

School

_e_____ ______
__u____ ______
bo___ ______
___e______ ______
____k ______
_l___ ______

Parts of the body

___d ______
t____ ______
_e__ ______
__g ______
_o_ ______
_o____ ______

Pets

_n___ ______
_____t ______
r_____ ______
m_u__ ______
__c_ ______
___h ______

Food

__e___ ______
_h_____ ______
b_______ ______
____p_ ______
_o____ ______
___s___ ______

Unit 1

New words ▸ *p. 11*

Bitte **beschreibe** die **Cafeteria**.	Please ________________ the ________________ .
Das ist eine gute **Beschreibung**.	That's a good ________________ .
Du kannst die Küche im **Hintergrund** sehen.	You can see the kitchen in the ________________ .
Und die Zwillinge sind im **Vordergrund**.	And the twins are in the ________________ .
Ich mag das Foto **unten** auf der Seite.	I like the photo ________________ of the page.
Sophie sitzt **zwischen** Dan und Jo.	Sophie is sitting ________________ Dan and Jo.

1 Word families

Finde die passenden Nomen zu den angegebenen Verben.

1 rehearse rehearsal

2 describe ________________

3 drink ________________

4 invite ________________

5 live ________________

6 dance ________________

2 What are the words?

Wo ist Ken?

a) near the lake
b) next to the lake

a) in the middle
b) on the left

a) in front of the tree
b) behind the tree

a) at the top of the mountain
b) at the bottom of the mountain

a) in the foreground
b) in the background

a) under water
b) between the two children

New words ► p. 12

New York hat viele **Sehenswürdigkeiten.**	New York has got lots of ______________.
Ich wartete **ungefähr** eine Stunde auf meinen **Flug.**	I waited __________ an hour for my ____________ .
Dieses **Mal** war die Reise **etwas** langweilig.	This ___________ the trip was ____________ boring.
Lass uns mit der **U-Bahn** fahren.	Let's go by __________________________ .
So viele Autos! Diese Straße ist **gefährlich.**	So many cars! This road is ____________________ .
Diese Autos sind zu **schnell.**	These cars are too _______________ .
Die Züge in England sind manchmal **langsam.**	Trains in England are sometimes ______________ .
Was war **das Beste an** dem Urlaub?	What was _________________________ the holiday?
Neue **Gebäude** haben oft einen **Fahrstuhl.**	New ___________________ often have a _________ .
Von oben hatte ich eine **unglaubliche** Aussicht.	I had an _____________________ view from the top.
An einem klaren Tag kann man **meilenweit** sehen.	You can see _____________________ on a clear day.
Wie viele Meter hat eine **Meile?**	How many metres are there in a ______________ ?

3 Crossword

Trage in das Rätsel die simple past-Formen der angegebenen Verben ein.

Across

1 get
4 ride
6 go
8 eat
10 meet
12 sit
13 have
14 hurt
16 drink
18 do
19 throw

Down

1 give
2 take
3 see
4 run
5 come
7 teach
9 put
10 make
11 tell
12 swim
14 hear
15 read
17 know

New words ▸ p. 13

Ich sitze **im hinteren Teil** des Klassenzimmers. — I sit ____________________ of the classroom.

Das geht dich gar nichts an. — ____________________________

Jo ging nicht nach Hause. Dan ging **auch nicht**. — Jo didn't go home. Dan did___ go __________ .

Nachdem er gefrühstückt hatte, ging er zur Schule. — __________ he had breakfast, he went to school.

Bevor er ging, war er sehr **unhöflich** zu mir. — ___________ he went, he was very ______ to me.

4 Scrambled words

Finde in den Buchstabenrätseln die fehlenden Gebäude oder Bauwerke und vervollständige die Sätze.

1 On Sundays some people go to ★. _ _ _ _ _ _

2 We can buy food at the ★. _ _ _ _ _ _ _ _ _ _ _

3 Does that little ★ sell fruit too? _ _ _ _

4 Dan and his friends go to Cotham ★. _ _ _ _ _ _

5 Yesterday we climbed Cabot ★. _ _ _ _ _

6 The boat trip ends at the next ★. _ _ _ _ _ _

7 Do I get off the train at this ★? _ _ _ _ _ _ _

8 There are lots of books in this ★. _ _ _ _ _ _ _

9 How much are the tickets for the ★? _ _ _ _ _ _

10 Sophie lives in a big ★ in Bristol. _ _ _ _ _

5 The fourth word

Welches Wort wird hier gesucht?

1 left – right / background – __________

2 full – empty / fast – __________

3 before – after / in front of – __________

4 hand – finger / foot – __________

5 they – their / she – __________

6 bird – cage / rabbit – __________

6 Odd word out

Ein Wort passt nicht. Finde und unterstreiche es.

1 good – fantastic – dangerous – great

2 table – bedroom – wardrobe – desk

3 chicken – cheese – bread – cooker

4 choir – children – mice – women

5 loud – climb – follow – help

6 hotel – church – bike – library

7 badminton – table tennis – cards – basketball

8 knew – go – taught – met

7 Word search

Finde 20 Adjektive im Gitter und bilde 10 Gegensatzpaare. ( )

E	A	S	Y	N	I	C	E	V	J	R	I
S	W	A	R	M	D	B	A	D	N	O	N
G	B	O	R	I	N	G	G	R	E	A	T
O	N	N	R	O	V	E	S	U	R	D	E
O	F	C	O	L	D	C	Z	E	U	I	R
D	T	O	W	O	N	O	N	D	D	F	E
N	Q	U	I	E	T	O	Z	C	E	F	S
T	E	R	R	I	B	L	E	F	V	I	T
G	W	R	O	N	G	L	N	A	O	C	I
N	R	I	G	H	T	H	M	S	A	U	N
S	L	O	W	L	W	O	K	T	N	L	G
L	O	U	D	Y	K	T	R	D	H	T	O

1 interesting boring

2 _ _ _ _ t   _ _ r _ _ _ _ _

3 _ o _ _   _ _ d

4 _ _ _ y   d _ _ _ _ _ _ _ _

5 q _ _ _ _   _ _ u _

6 _ _ t   c _ _ _

7 _ _ c _   _ _ d _

8 _ _ g _ _   _ r _ _ _

9 _ _ o _   w _ _ _

10 _ _ _ t   _ _ _ w

8 Word snail

Übersetze die Wörter ins Englische. Trage die englischen Wörter in die Wortschnecke ein. Die Anfangsbuchstaben in der Schnecke helfen dir.

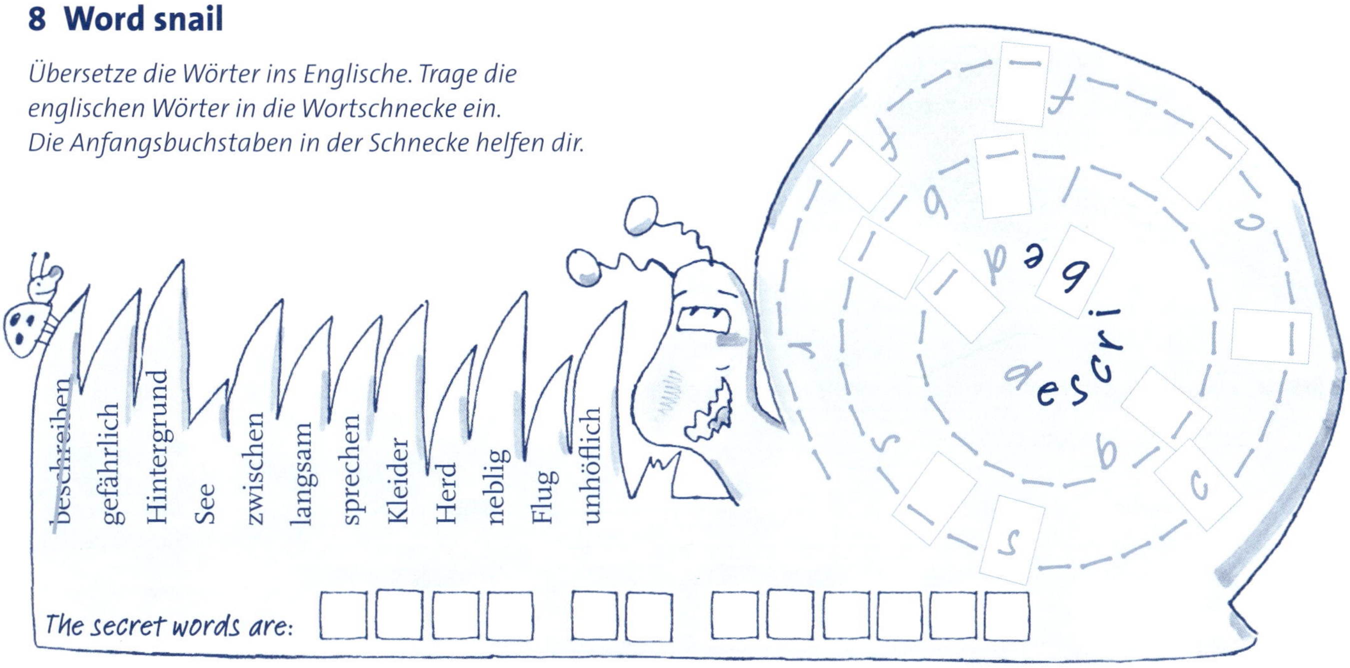

New words ▸ pp. 14 – 21

Deine **Jacke** hat eine schöne Farbe.	Your ______________ is a nice colour.
Kann ich sie **ausleihen**?	Can I ______________ it?
Nein, aber ich kann dir mein Sweatshirt **leihen**.	No, but I can ___________ you my sweatshirt.
Glaubst du das wirklich?	______________________________________
Ich will im Bett bleiben. – **Kommt nicht in Frage!**	I want to stay in bed. – ___________________ .
Besuche England, wenn du die **Chance** hast.	Visit England, if you have the ______________ .
Steh auf, oder du **kriegst Ärger**.	Get up, or you're ________________________ .
Du bist ein echter **Held**, wenn du mir hilfst.	You're a real ______________ if you help me.
Jack, bitte **beruhige dich**!	Jack, please __________________________ .
Warum **wirst** du immer so **wütend**?	Why do you always ________ so ____________ ?
Warum ist er so **böse auf** uns?	Why is he so ________________________ us?
Ich fragte ihn, aber er sagte **nichts**.	I asked him, but he said ______________ .
Es macht mich so **unglücklich**.	It makes me so ______________ .
Ein paar Kinder waren sehr **unfreundlich**.	___________ kids were very _______________ .
Ich bin immer **freundlich** zu anderen Menschen.	I'm always ______________ to other people.
Mit wem hat er geredet?	____________________________________ ?
Ich verstehe es nicht. **Erkläre** es mir!	I don't understand it. _______________ it to me!
Das ist eine wirklich gute **Erklärung**.	That's a really good ______________________ .
Möchtest du eine **Tasse Tee**?	Would you like a ______________________ ?
Ich muss die **Vokallaute** üben.	I have to practise the ______________________ .
„Next“ und „suddenly“ sind **Bindewörter**.	'Next' and 'suddenly' are ___________________ .
Kennst du diese **Redewendung**?	Do you know this ______________ ?
Ist **Frau** Smith verheiratet?	Is __________ Smith married?
Warum **ist** das Licht **an**? Es ist nicht sehr dunkel.	Why _____ the light _____ ? It isn't very dark.
Frage jemanden, der Englisch spricht.	___________________________ speaks English.
Macht die **Wortbildungsübung** auf Seite 21.	Do the __________________ exercise on page 21.
Hallo, **wie geht es euch**?	Hello, ______________________ ?

9 Plurals

Vervollständige die Tabelle.

	German	Singular	Plural
1	Mann	man	men
2		life	
3	Zahn		
4		child	

	German	Singular	Plural
5	Frau		
6		hero	
7			mice
8	Fuß		

10 Word ladder

Bewege dich von Sprosse zu Sprosse, um nach oben zu kommen.
Bei jeder Sprosse darfst du nur einen Buchstaben ändern.

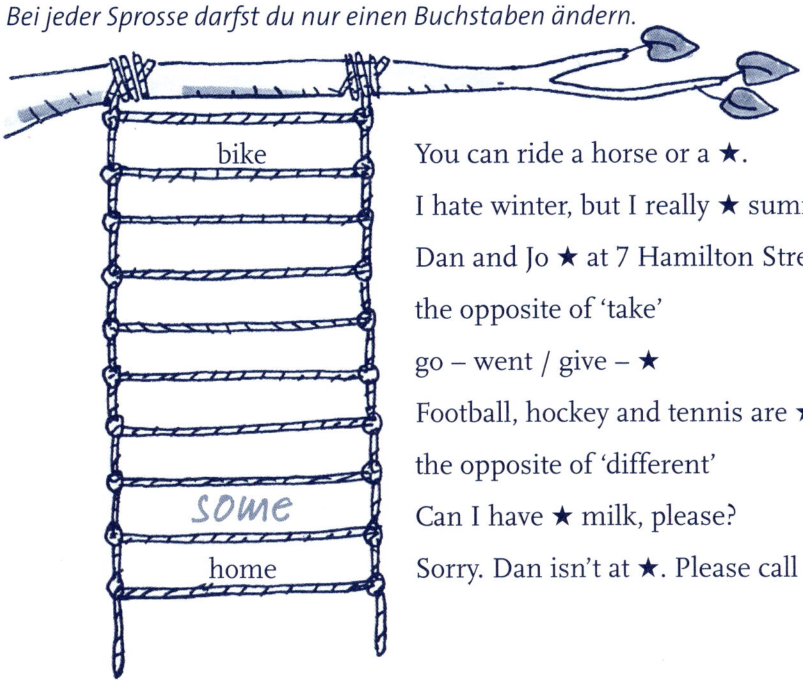

You can ride a horse or a ★.
I hate winter, but I really ★ summer.
Dan and Jo ★ at 7 Hamilton Street in Bristol.
the opposite of 'take'
go – went / give – ★
Football, hockey and tennis are ★s.
the opposite of 'different'
Can I have ★ milk, please?
Sorry. Dan isn't at ★. Please call again later.

11 Lost words

Vervollständige die Sätze mit jeweils einem Wort aus dem rechten oder linken Hantelgewicht.

1 I can't sleep when the light's on.

2 Would you like to go _____ a __________ in the park?

3 If you don't want to walk, we can go _____ _______ .

4 Do you like the photo at the __________ _____ the page?

5 Please _________ _________ . There's no reason to shout.

6 Sophie is _____ ___________ because she hasn't got her homework.

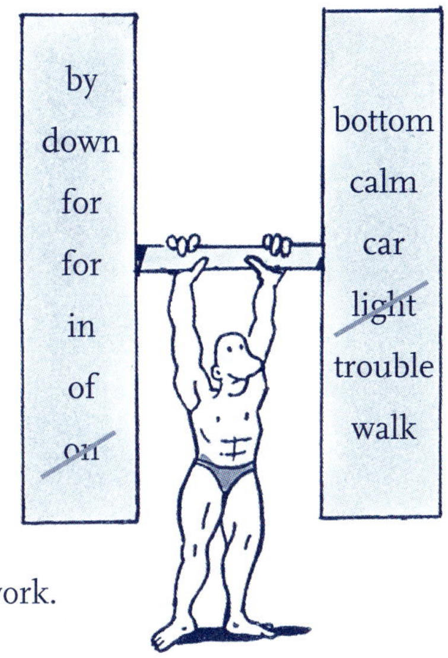

New words ▸ *pp. 22–23*

Sie **rettete** das Leben des kleinen Mädchens.	She ________ the little girl's life.
Jo **schläft** – im **Etagenbett.**	Jo is ________ – in the ____________ .
Er wollte **springen**, aber er **konnte** nicht.	He wanted to ________ , but he ____________ .
Kannst du bitte mein Handy **holen**?	Can you ________ my mobile please?
Jack **setzte sich** im Bett **auf** und las ein Buch.	Jack ____________ in bed and read a book.
Na los, hilf mir!	____________ , help me!
Guck! Es ist wieder **Ebbe.**	Look! The ________ is ______ again.
Wollt ihr bei uns **mitmachen**?	Do you want to ________ us?
Er ging an mir **vorbei** und sagte nichts.	He walked ________ me and said nothing.
Ich mag dein neues Hemd nicht. – **Na und**?	I don't like your new shirt. ____________ ?
Er **winkte** und **wählte** ihre Nummer.	He ________ and ____________ her number.
Ist alles **in Ordnung**?	Is everything ________________ ?
Ja, aber ich hätte **beinahe** einen Fehler gemacht.	Yes, but I ____________ made a mistake.
Bitte **fahr** nicht so schnell.	Please don't ____________ so fast.
Besuch uns bald mal wieder!	Come and ______ us again soon!
Ich **weiß** nichts **über** indische Musik.	I ________ nothing ________ Indian music.
Das war eine **spannende** Geschichte!	That was an ____________ story!
Ich mag Filme mit einem **Happyend.**	I like films with a ________________ .
Dan kam **rechtzeitig**, aber Jo war zu spät.	Dan came ____________ , but Jo was late.
Das war ein großes **Abenteuer.**	That was a big ________________ .

12 Spot the mistakes

In jedem Satz sind zwei Fehler. Unterstreiche und korrigiere sie.

1 What time is your flait too New York? flight ________ ________

2 My father usually gos to work bai bus. ________ ________

3 Can you sea the children on the park? ________ ________

4 I haven't got match money, only a fju pounds. ________ ________

5 It's allmost ten o'clock. Is Dan still asliep? ________ ________

13 Word groups

Trage die Wörter aus der Wiese in die richtige Blume ein.

14 Word web

Vervollständige das Spinnennetz.
Alle Lösungswörter haben 4 bis 6 Buchstaben und enden auf -R.

1. the opposite of 'before'
2. the opposite of 'question'
3. You can drink ★ or you can wash with it.
4. Blue is my favourite ★.
5. I don't play the piano, but I play the ★.
6. German students don't usually ★ uniforms.
7. adjective – dangerous / noun – ★.
8. You have it on your head.
9. Are your mother and ★ divorced?
10. There are 60 minutes in an ★.
11. 'A' is the first ★ in the alphabet.
12. '27' is a ★.

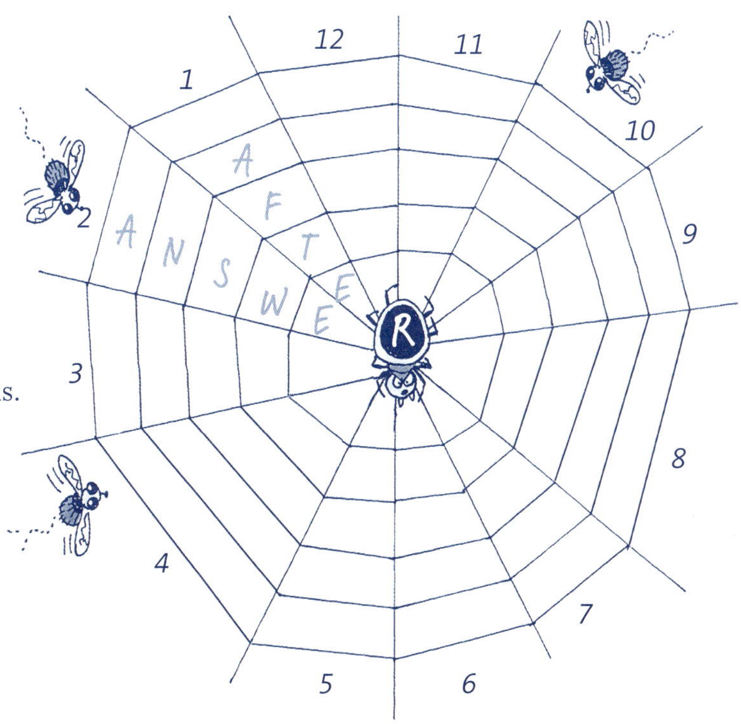

New words ▸ *pp. 26 – 27*

Wieviel **Taschengeld** bekommst du?	How much __________ do you get?
Nimm deine Hände aus deinen **Taschen**!	Take your hands out of your __________ !
Im Sommer **verbringen** wir viel Zeit draußen.	In summer we __________ lots of time outside.
Ich **spare** für ein neues Fahrrad.	I'__________ for a new bike.
Kennst du die Ergebnisse der **Umfrage**?	Do you know the results of the __________ ?
Ich kann diese **Bluse** nicht tragen.	I can't wear this __________ .
Aber die **Baseball-Mütze** sieht nett aus.	But the __________ looks nice.
Lass uns ins Theater oder ins **Kino** gehen.	Let's go to the theatre or the __________ .
Warum trägst du nie **Make-up**?	Why do you never wear __________ ?
Ist dieser **Pullover** neu?	Is this __________ new?
Nein, aber der **Rock** ist neu.	No, but the __________ is new.
Ich kann meine **Sportsachen** nicht finden.	I can't find my __________ .
Ich muss heute **ein Paar** Schuhe kaufen.	I have to buy __________ shoes today.
Deine **Hosen** sind auch schmutzig.	Your __________ are dirty too.

1 Scrambled words: clothes

Löse die Buchstabenrätsel, um Kleidungsstücke zu finden. Trage die deutschen Übersetzungen ein. Die markierten Buchstaben ergeben das „geheime Wort".

1 triks S _ _ _ _ ROCK __________ S
2 swateihrst _ _ _ _ _ _ _ _ _ _ __________ _
3 tersours _ _ _ _ _ _ _ _ __________ _
4 pelloruv _ _ _ _ _ _ _ _ __________ _
5 jetcak _ _ _ _ _ _ __________ _
6 sobule _ _ _ _ _ _ __________ _

2 Word search

Im Rätsel sind 16 Dinge versteckt, die du in einem Haus finden kannst. (↓ →)

bathroom

D	C	S	C	P	T	C	H	A	I	R	B
O	D	H	R	F	S	T	A	I	R	S	E
O	I	O	B	K	I	T	C	H	E	N	D
R	S	W	A	R	D	R	O	B	E	J	W
O	H	E	Q					C	J	U	I
C	W	R	E					U	P	M	N
O	A	M	D					P	T	S	D
O	S	B	N					B	O	H	O
K	H	F	R	I	D	G	E	O	I	E	W
E	E	N	U	U	J	G	D	A	L	L	P
R	R	W	C	L	O	C	K	R	E	F	E
B	A	T	H	R	O	O	M	D	T	P	H

(BATHROOM circled in the bottom row.)

3 Word snake

Finde die unregelmäßigen simple past-Formen in der Schlange. Trage sie und ihre Infinitivformen unten ein.

1 heard — hear
2 ______ ______
3 ______ ______
4 ______ ______
5 ______ ______
6 ______ ______
7 ______ ______
8 ______ ______
9 ______ ______
10 ______ ______

New words ▸ p. 28

Was ist los, Dan?	____________________, Dan?
Mein neuer Pullover sieht **furchtbar** aus.	My new pullover looks __________ .
Meiner sieht auch schrecklich aus!	__________ looks terrible too!
Ich **verliere** oft meine Füller und Bleistifte.	I often __________ my pens and pencils.
Was ist los? Du siehst so **traurig** aus.	What's the matter? You look so ________ .
Wessen Geld ist dies?	______________ money is this?
Als es regnete, **verschwand** der Schnee.	When it rained, the snow ______________ .
Du bist **genau wie** dein Bruder.	You're ________________ your brother.
Ist noch Tee **übrig**?	______ there any tea __________ ?
Wir haben morgen einen Mathe**test**.	We have a Maths __________ tomorrow.

4 Lost words

Ergänze die Sätze mit den Wörtern aus den Luftballons.

1 That isn't Sophie's jacket. Hers is on the chair.

2 Ananda and Dilip! Are these magazines __________ ?

3 This can't be my MP3 player – __________ is small and black.

4 That isn't Dan and Jo's ball – __________ is over there in the corner.

5 He took my phone number and gave me __________ .

6 If you haven't got a football, we can give you __________ .

5 The fourth word

Welches Wort fehlt hier?

1 library – book / cinema – __________

2 drive – drove / lose – __________

3 nothing – something / nobody – __________

4 find – found / teach – __________

5 head – cap / legs – __________

6 bike – ride / car – __________

7 child – children / hero – __________

8 win – won / spend – __________

9 boring – exciting / sad – __________

10 I – mine / we – __________

New words ▸ p. 29

Ich kann dir helfen, wenn du ein **Problem** hast.	I can help you if you've got a ________________ .
Er hörte mich und **schaute auf**.	He heard me and ________________ .
Ich brauche drei Klebestifte. – **Wofür**?	I need three glue sticks. – ________________ ?
Ich trank etwas, aber aß **nichts**.	I drank a bit, but didn't eat ________________ .
Diese **Turnschuhe** sind etwas teuer.	These ________________ are a bit expensive.
Und was kosten die **weißen**?	And how much are the ________________ ?
Sie sind aber viel zu **klein** für mich.	But they're much too ________________ for me.
Ich bin zwölf. Ich **wachse** noch.	I'm twelve. I'___ still ________________ .
Wo ist Jo? Ich muss ihn **suchen**.	Where's Jo? I must ________________ him.
Dan **zeigte auf** den Bus. „Beeil dich!" sagte er.	Dan ____________ the bus. 'Hurry!' he said.
Bitte lies diese **Anzeige**.	Please read this ________________ .

6 Words with different meanings

Finde die passenden Wörter zu den Paaren 1–10 auf den Zetteln und trage sie ein. Unterstreiche die deutschen Entsprechungen.

Denkt daran! Manche Wörter haben mehr als eine Bedeutung.

1
a) ein Leben retten
b) Geld sparen
save

2
a) neue Leute kennenlernen
b) sich jede Woche treffen
____

3
a) die Antwort wissen
b) nette Leute kennen
____

4
a) die richtige Antwort
b) auf der rechten Seite
____

5
a) eine großartige Show
b) Hausaufgaben dem Lehrer zeigen
____

6
a) ein freier Tag
b) eine kostenlose Eintrittskarte
____

7
a) genau wie du
b) nur aus Spaß
____

8
a) in der Gegenwart
b) ein schönes Geschenk
____

9
a) ein cooles T-shirt
b) kühles Wetter
____

10
a) hübsch aussehen
b) aus dem Fenster schauen
____

free
look
~~save~~
cool
know
show
right
just
present
meet

New words ▸ p. 30

Schreib mir eine Karte oder **sogar** einen **Brief**.	Write me a card or ________ a ________ .
Ich hoffe, ihr habt eine **wunderbare** Zeit.	I hope you have a ________________ time.
Ihr könnt viele interessante Orte **besuchen**.	You can ________ lots of interesting places.
Wird Jo euch besuchen? – **Wir hoffen es**.	Is Jo going to visit you? ________________
Du kannst mir einige Bilder **schicken**.	You can ________ me some pictures.
Röcke sind wieder in **Mode**.	Skirts are in ____________ again.
Ich **mag** sie **nicht sehr**.	I ________________ them ________ .
Warum sind deine Kleider so **nass**?	Why are your clothes so ________ ?
Es hat den **ganzen** Tag geregnet.	It rained the ____________ day.
Die **Regenzeit** in Indien ist sehr nass.	India's ________________ is very wet.
Was ist deine Lieblings**jahreszeit**?	What's your favourite ____________ ?
Jeder mag den Sommer.	________________ likes summer.
Bitte **wiederhole** deine Frage.	Please ________________ your question.
Ich kann unseren Lehrer **um** Hilfe **bitten**.	I can ______ our teacher ________ help.

7 Word friends

Ordne die Wörter auf der Wiese dem richtigen Verb zu.

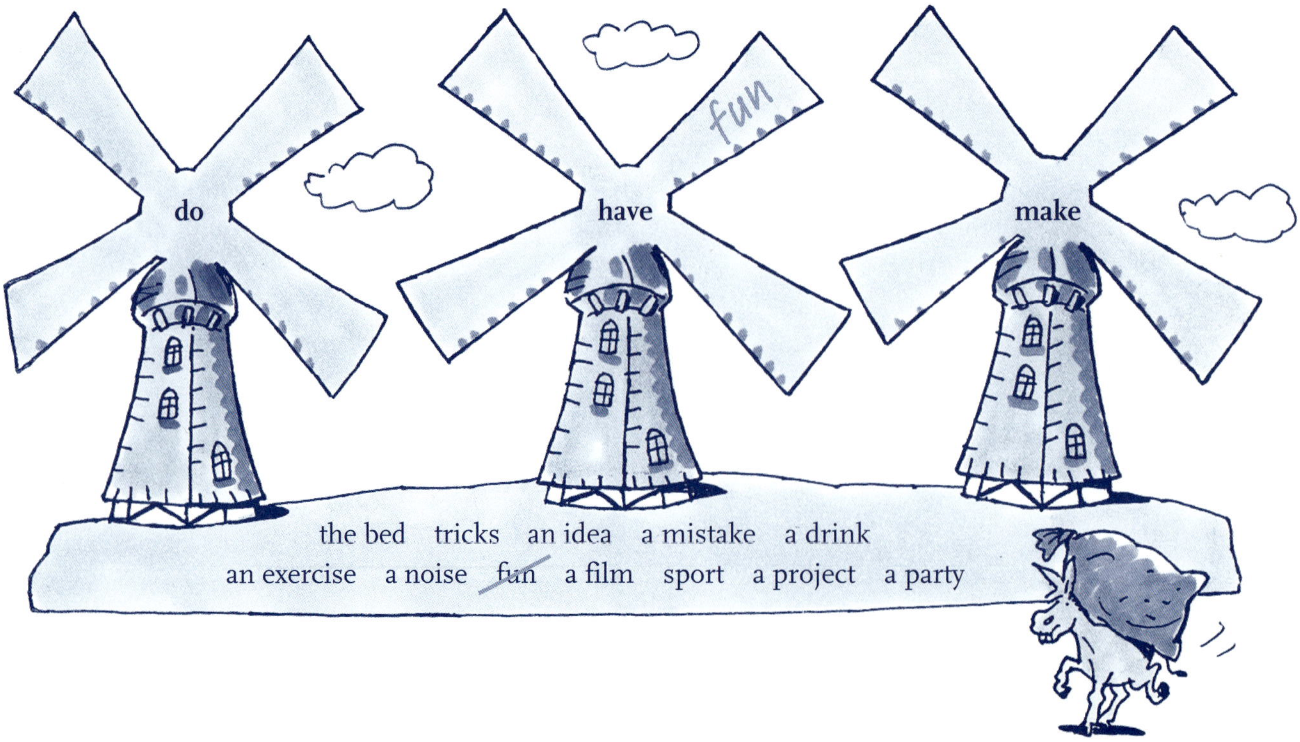

New words ▸ pp. 31 – 37

Wir müssen die Preise **vergleichen**.	We have to ________ the prices.
Deine Haare sind **länger als** meine.	Your hair is ________ mine.
Aber Anandas Haare sind **am längsten**.	But Ananda's hair is ________ .
Rote Blumen sind nicht **so** schön **wie** blaue.	Red flowers aren't ____ pretty ____ blue ones.
Das Leben **damals** war **schlimmer als** heute.	Life ________ was ________ today.
Tim wohnt **nicht mehr** hier.	Tim does__ live here ________ .
Hat deine Familie ein großes Auto, Sophie?	Does your family ________ a big car, Sophie?
Wir haben eine große **Auswahl** an CDs.	We have a big ________ of CDs.
Papa liebt Musik **aus den 60ern**.	Dad loves music ________ .
Letzte Nacht gab es wieder einen **wilden** Sturm.	There was a ________ storm again last night.
Wir suchen ein **billiges** Hotel.	We're looking for a ________ hotel.
Wie ist es mit dem **Service** dort?	What's the ________ like there?
Wohlfahrtsorganisationen helfen armen Menschen.	________ help poor people.
Mathe ist **langweiliger** als Geschichte.	Maths is ________ than history.
Das **langweiligste** Schulfach ist Sport.	The ________ subject is PE.
Recycling ist eine gute Sache.	________ is a good thing.
Wir verwenden nur **recyceltes** Papier.	We only use ________ paper.
Wie viele **Punkte** hat unsere Mannschaft?	How many ________ has our team got?

8 Bits and pieces

Setze die Bruchstücke zusammen, um Wörter zu bilden. Übersetze sie ins Deutsche.

~~let~~	lem
char	sers
mo	~~ter~~
prob	body
every	ment
trou	ity

1 letter – Brief
2 ________
3 ________
4 ________
5 ________
6 ________

cin	son
de	ey
long	ing
per	est
surv	scribe
amaz	ema

7 ________
8 ________
9 ________
10 ________
11 ________
12 ________

New words ▸ pp. 40 – 41

Der **Moderator** muss das Thema erklären.	The ____________ has to explain the topic.
Sophie rannte **hinüber zur** Bühne.	Sophie ran ____________ the stage.
Sei vorsichtig und **fall** nicht **hin**!	Be careful and don't ____________ !
Ich kann morgen nicht kommen. – **Macht nichts.**	I can't come tomorrow. – ____________ .
Dein Kleid ist wirklich **hübsch**.	Your dress is really ____________ .
Schau einfach in den **Spiegel**.	Just look in the ____________ .
Zieh bitte deine Jacke **an**, bevor du gehst.	Please ____________ your jacket before you go.
Zieh deine Stiefel **aus**, bevor du hereinkommst!	____________ your boots before you come in!
Gibt es keinen Stuhl? Ich möchte nicht **stehen**.	Isn't there a chair? I don't want to ____________ .
Bitte **beeil dich**! Die Show beginnt.	Please ____________ ! The show is starting.
Jo fiel vom Bett und **landete** auf dem Fußboden.	Jo fell off the bed and ____________ on the floor.
Wie kann ich mich **auf** den Test **vorbereiten**?	How can I ____________ the test?
Dan war **verwirrt**. Warum war Jo nicht zu Hause?	Dan was ____________ . Why wasn't Jo at home?
Er sucht ein neues Hockey-**Outfit**.	He's looking for a new hockey ____________ .
Ich verstehe seinen **Standpunkt**.	I understand his ____________ .

9 What are the words?

Lies die Informationen und vervollständige die Sätze. Benutze die richtige Form eines Wortes aus der Box.

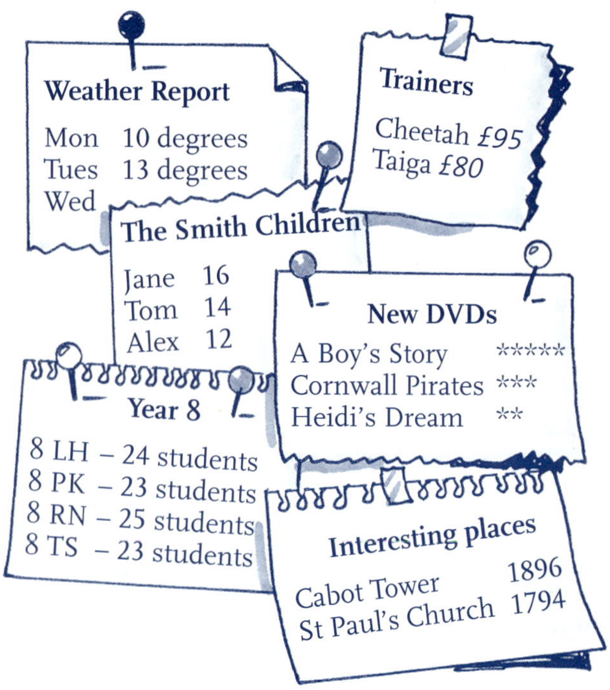

big cheap good hot old ~~young~~

1 Alex is *the youngest* in the family.

2 Tuesday was ____________ than Monday.

3 Taiga trainers are ____________ than Cheetah.

4 A Boy's Story is ____________ new DVD.

5 St Paul's is ____________ than Cabot Tower.

6 8 RN is ____________ form in Year 8.

10 Pronunciation

Vervollständige die Listen mit Wörtern aus der Box.
In jeder Liste müssen sich die Wörter reimen.

design flew ~~fun~~ mine one
pair prepare shine sun
there threw through

Markiere für jede Liste das passende Lautschriftsymbol.

1		2		3		4	
fun	aɪ	fair	aɪ	______	aɪ	______	aɪ
______	(ʌ)	______	ʌ	fine	ʌ	______	ʌ
run	eə	______	eə	______	eə	______	eə
______	uː	______	uː	______	uː	who	uː

Ordne die Lautschrift dem Wort zu.

1	'kʌntri	bunk	*4*	'steəz	stairs	*7*	dɪ'skraɪb	describe	*10*	ruːd	cool
2	sʌn	country	*5*	skeəd	careful	*8*	aɪ	island	*11*	kuːl	grew
3	bʌŋk	son	*6*	'keəfl	scared	*9*	'aɪlənd	eye	*12*	gruː	rude

Ordne die englischen Wörter der Lautschrift zu,
um den „geheimen Satz" zu finden.

the where on be
always an like I'd
to shines island – sun

______ ______ ______ ______ ______ ______ ______ ______ ______ ______
aɪd laɪk tə biː ɒn ən -'aɪlənd weə ðə sʌn

______ ______ .
'ɔːlweɪz ʃaɪnz

11 Opposites

Trage das Gegenteil der fett gedruckten Wörter in die Lücken ein.

1 a **white** / black cat

2 We **hate** / ______ school.

3 **Put on** / ______ your coat!

4 a **small** / ______ house

5 **expensive** / ______ clothes

6 We **lost** / ______ the match.

7 the **best** / ______ essay

8 I **lost** / ______ my mobile.

9 **boring** / ______ lessons

10 **before** / ______ breakfast

11 a **slow** / ______ train

12 at the **bottom** / at the ______ of the page

13 in the **foreground** / in the ______

14 a **hot** / ______ day

Unit 3

New words ▸ pp. 44 – 45

Das ist eine **Sendereihe** über **Füchse.**	This is a ______________ about ______________ .
Manche Tiere **überleben** den Winter nicht.	Some animals don't ______________ the winter.
Ja, das **Überleben** ist im Winter nicht einfach.	Yes, ______________ isn't easy in winter.
Wie geht es dir? **Gut**, danke.	How are you? ____________ thanks.
Ich mag alle **Arten** von Musik.	I like all ______________ of music.
Ich gucke oft **Dokumentarfilme**,	I often watch ______________________________ ,
... **Komödien** und **Talkshows**.	... ______________ and ______________________ .
Kannst du auch die **Spechte** hören?	Can you hear the ______________________ too?
Ist das ein rotes oder ein **graues Eichhörnchen?**	Is that a red or a ___________________________ ?
Es sind viele **Frösche** in der Nähe des Sees.	There are lots of ____________ near the lake.
Von hier kannst du manchmal **Rehe** sehen.	From here you can sometimes see ___________ .
Hilfe! Wir haben einen **Maulwurf** im Garten.	Help! We've got a ______________ in the garden.
Nein, ich glaube es ist ein **Igel.**	No I think it's a ________________________ .

1 Scrambled words: pets

Welche Tiere sind das?
Die markierten Buchstaben ergeben ein weiteres Tier.

1 gaeuin gip g u i n e a p i g
2 rabtib _ _ _ _ _ _
3 sifh _ _ _ _
4 toeiorst _ _ _ _ _ _ _ _
5 heros _ _ _ _ _
6 odg _ _ _
7 bueigd _ _ _ _ _ _
8 haremts _ _ _ _ _ _ _

The 'secret pet' is a ________________

2 Word search: wild animals

Finde sieben Tiere. Übersetze sie ins Deutsche. (↓ →)

H	I	W	W	W	V
E	S	R	F	O	X
D	Q	F	R	O	G
G	U	M	G	D	Y
E	I	O	L	P	E
H	R	L	B	E	E
O	R	E	U	C	M
G	E	J	B	K	R
R	L	O	E	E	P
S	D	E	E	R	D

fox – Fuchs
____
____
____
____
____
____
____

New words ▸ p. 46

Wirf die alten Sachen in die **Mülltonne.**	Throw the old things into the ______ .
Wir haben so viel **Müll** im Haus.	We have so much ______ in the house.
Du **wirst frieren** ohne Pullover.	You'______ without a pullover.
Es ist aber warm – ich **werde nicht frieren.**	But it's warm – I ______ .
Unsere Fahrräder stehen auf dem **Hof.**	Our bikes are in the ______ .
Ein Paket! Es ist **wahrscheinlich** ein Geschenk.	A parcel! It's ______ a present.
Bitte vergiss nicht Sophie **anzumailen.**	Please don't forget to ______ Sophie.
Kannst du den **Mond** hinter den Wolken sehen?	Can you see the ______ behind the clouds?

3 Spot the mistakes

In jedem Satz sind zwei Fehler. Finde, unterstreiche und korrigiere sie.

1 There's a new serie of five programes about wild animals. series ______

2 Their are more wild animals in the city then people think. ______ ______

3 We don't see fockses very often in citys because they don't like us. ______ ______

4 Ananda saw too baby hedgehogs nere the dustbin. ______ ______

5 Milk is not well for hedgehogs. They wants water. ______ ______

6 Did you like the dokumentary abaut wild animals? ______ ______

7 I saw a little mause in the jard at lunch break. ______ ______

4 Word ladder

Gehe von unten nach oben, indem du bei jeder Sprosse einen Buchstaben veränderst.

Where's my key? I can't ★ it.

Is the weather OK? – Yes, it's ★.

A foot has got ★ toes.

Dan and Jo ★ in Bristol.

'★' is the opposite of 'hate'.

Here's the money. Don't ★ it!

I ★ my mobile yesterday, but I found it again.

★ people are happy when the sun shines.

New words ▸ p. 47

Englisch ist eine sehr **wichtige** Sprache.	English is a very ______________ language.
Ich gehe jetzt zur Tier**klinik**.	I'm going to the animal ______________ now.
Ruf mich an, **sobald** du zurück bist.	Call me ______________ you're back.
Ruf mich an, **falls** du mich nochmals brauchst.	Call me ________ you need me again.
Sophie ist **krank.** Sie bleibt heute im Bett.	Sophie's ____________ . She's staying in bed today.
Wor**an** ist Tims Großmutter **gestorben**?	What did Tim's grandmother ______________ ?
Wie kann ich meine Füße warm**halten**?	How can I ____________ my feet warm?
Morgen wird es dir wieder **gutgehen**.	You'll be ____________ again tomorrow.
Nimm diese **Wärmeflasche**.	Take this ______________________ .
Im Winter trage ich immer **Handschuhe**.	I always wear ______________ in winter.

5 Definitions

Vervollständige die Definitionen mit Wörtern von der Tafel. Trage die richtigen Wörter aus den Seifenblasen in die rechte Spalte ein.

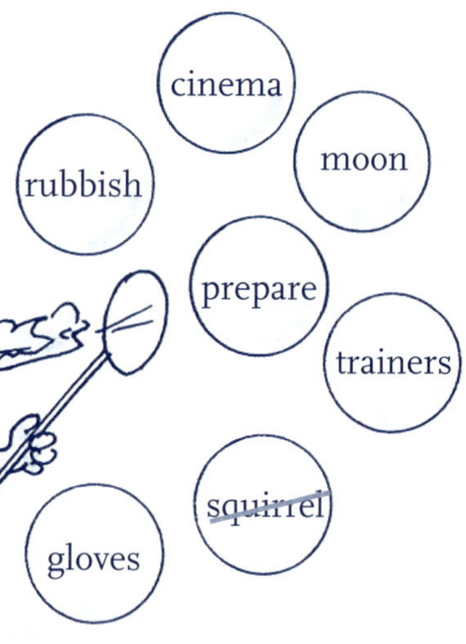

1 This animal is red or grey and lives in ______________ . squirrel

2 You can wear these ______________ when you do ______________ . ______________

3 You often see this in the sky at ______________ – it ______________ . ______________

4 In this ______________ you can ______________ films. ______________

5 You don't want this, so you ______________ it in the ______________ . ______________

6 This is another ______________ for 'get ______________'. ______________

7 You __________ them on your hands when it's ______________ outside. ______________

New words ▸ p. 48

Die nächste **Müllabfuhr** ist am Freitag.	The next ____________ is on Friday.
Stellt euch vor! Wir haben das Spiel gewonnen.	____________ ! We won the match.
Versuche, die Antwort zu **erraten**.	Try and ____________ the answer.
Treffen wir uns draußen **in der Pause**.	Let's meet outside ____________ .
Ich wollte gehen, aber **gerade dann** kam Jo herein.	I wanted to go, but ____________ Jo came in.
Es war ein **grauenhafter** Tag – kalt und regnerisch.	It was a ____________ day – cold and rainy.
Steht das Auto draußen oder in der **Garage**?	Is the car outside or in the ____________ ?
In der Garage wird es **sicher** sein.	It will be ____________ in the garage.

6 Numbers and letters

Zu jeder Zahl gehört ein Buchstabe. Finde die Lösungswörter und dann den „geheimen Satz".

1 Please speak S ___ ___ ___ ___ ___ (*10 1 5 14 1 6*) and ___ ___ ___ ___ R ___ ___ (*13 1 18 3 11 1 6*)

2 Sophie shouted ___ ___ ___ ___ ___ ___ ___ (*3 9 4 11 8 1 6*) at Dilip.

3 Dan and Jo called their dad and he came ___ ___ ___ ___ ___ ___ ___ (*12 2 8 13 15 1 6*).

4 The children played ___ ___ ___ ___ ___ ___ ___ (*16 3 20 20 8 1 6*) on the beach.

5 Ananda, please listen very C ___ ___ ___ ___ ___ ___ ___ ___ (*13 3 11 18 19 2 1 1 6*).

6 Jack waited ___ ___ ___ ___ ___ ___ ___ ___ ___ (*9 18 11 7 5 2 10 1 6*) outside Mr Kingsley's room.

7 Boys and girls, please don't sing this song so ___ ___ ___ D ___ ___ (*1 5 2 17 1 6*).

8 The school hockey team played very ___ ___ ___ ___ ___ (*21 3 17 1 6*) last weekend.

The secret sentence is:

___ ___ ___ (*17 3 17*) ___ ___ ___ ___ ___ ___ (*3 1 14 3 6 10*) ___ ___ ___ ___ ___ ___ (*17 11 8 7 18 10*) ___ ___ ___ ___ ___ ___ (*10 1 5 14 1 6*) ___ ___ ___ (*3 9 17*)

___ ___ ___ ___ ___ ___ ___ ___ ___ (*13 3 11 18 19 2 1 1 6*) ___ ___ (*5 9*) ___ ___ ___ ___ ___ (*11 3 8 9 6*) ___ ___ ___ ___ (*17 3 6 10*).

New words ▸ pp. 49 – 55

Ananda, du hast wirklich **gute Arbeit geleistet**.	Ananda, you did a really ______________ .
Papa **kümmert sich** so **gut um** uns.	Dad ______________ us so ______________ .
Beweg dein Bein nicht – es ist **gebrochen**!	Don't ______________ your leg – it's ______________ !
Lass uns heute in den **Wald** gehen.	Let's go to the ______________ today.
Wir können dort **Holz** sammeln.	We can collect ______________ there.
Das wird **schwere** Arbeit sein.	That will be ______________ work.
Ich möchte heute nicht **hart arbeiten**.	I don't want to ______________ today.
Leider brauche ich deine Hilfe.	I need your help, ______________ .
Können wir den Ausflug zusammen **planen**?	Can we ______________ the trip together?
Er **suchte** die Liste **ab**, um den Namen zu finden.	He ______________ the list to find the name.
Haben diese Tiere viele **Feinde**?	Do these animals have many ______________ ?
Ist dieses Eichhörnchen **weiblich** oder **männlich**?	Is this squirrel ______________ or ______________ ?
Unsere Lehrerin **bekam** letzten Monat **ein Baby**.	Last month our teacher ______________ .
Lila ist keine **natürliche** Haarfarbe.	Purple isn't a ______________ hair colour.
Die meisten Tiere haben Angst vor **Feuer**.	Most animals are afraid of ______________ .
Mr Shaw ist **Alleinerziehender**.	Mr Shaw is a ______________ .
Wird das Tier überleben, wenn es **verletzt** ist?	Will the animal survive if it's ______________ ?
Gib mir seine **Adresse** und Telefonnummer.	Give me his ______________ and phone number.

7 Picture puzzle

Welche Tiere erkennst du in der Zeichnung?

____

____

____

____

____

____

____

8 Word snail

Trage die simple past-Formen der angegebenen deutschen Wörter in die Schnecke ein. Die Anfangsbuchstaben in der Schnecke helfen dir.

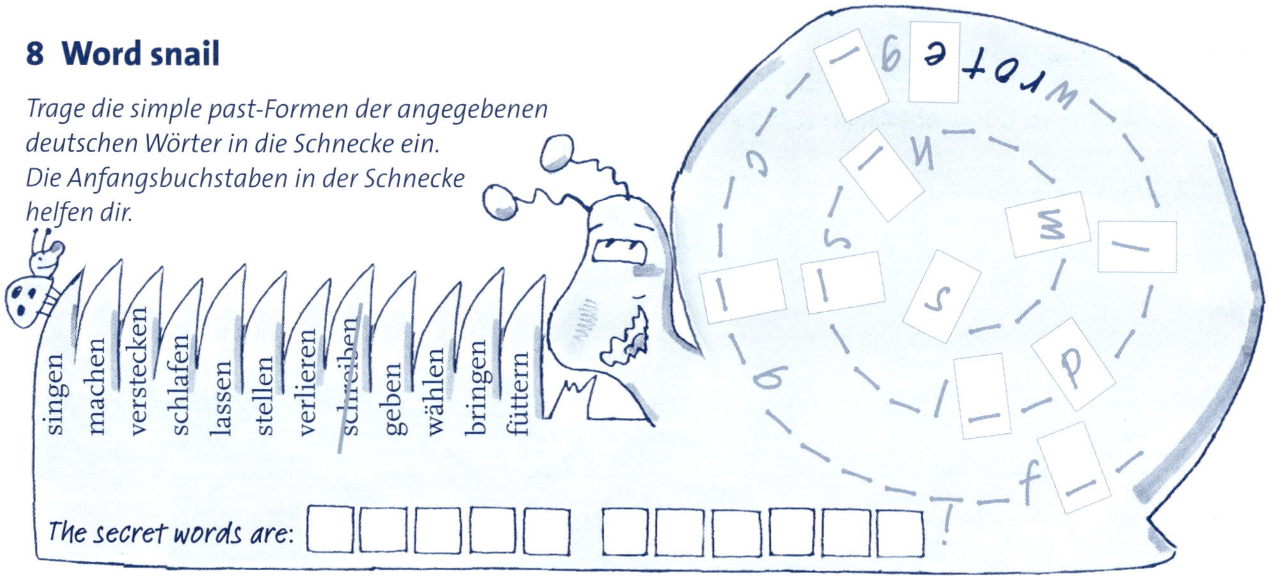

9 Word groups

Übersetze die Wörter auf der Wiese. Schreibe die englischen Wörter in die passende Seifenblase.

Holidays

We went by ... car

We stayed in a ... bed and ...

Clothes

Only for girls! blouse

For girls and boys

Weather

It was ... cold

Look at the ... clouds

~~Auto~~ ~~Bluse~~ Flugzeug
Frühstückspension Hemd Hose Hotel Hut ~~kalt~~ Kleid kühl neblig Pullover Regen
Rock Schiff Schnee Schuhe Socken sonnig stürmisch windig ~~Wolken~~ Wohnwagen Zug

New words ▸ pp. 56–57

Mike ist wirklich kein **Engel**.	Mike really is no ______________ .
Er **tyrannisiert** jüngere Schüler.	He ________________ younger students.
Kannst du bitte den Koffer **packen**?	Can you ____________ the suitcase please?
Er **verließ** das Zimmer und ging weg.	He ________________ the room and went away.
Ich kann es nicht **aushalten**, wenn du zu laut singst.	I can't ____________ it when you sing too loudly.
In London **fand** er neue **Freunde**.	In London he ________ new _____________ .
Aber er **vermisst** noch seine alten Freunde.	But he still ____________ his old friends.
Ich **versprach**, mein Zimmer aufzuräumen.	I ___________________ to tidy my room.
Jetzt ist alles **schön ordentlich**.	Everything is _______________________ now.
Jack sieht in seiner Uniform sehr **gepflegt** aus.	Jack looks very _____________ in his uniform.
Sein Zimmer sieht sehr **aufgeräumt** aus.	His room looks very ____________ .
Sei ein **Schatz** und räum dein Zimmer auf.	Be a ____________________ and tidy your room.
Wir müssen aus dieser Wohnung **ausziehen**.	We have to ___________________ of this flat.
Warum **zieht** ihr nicht **nach** London?	Why don't you ________________ London?
Der Lehrer **erlaubte** mir, früher zu gehen.	The teacher _______________ me to go earlier.
Wir waren so **aufgeregt** vor der Show.	We were so ______________ before the show.
Ich habe mein Zimmer **schon** sauber gemacht.	I've _________________ cleaned my room.
Sie ist **erst** vier und kann schon lesen.	She's ___________ four and can already read.
Wie **fühlst** du **dich** heute?	How are you ___________________ today?
Sie war traurig und hatte **Tränen** in den Augen.	She was sad and had ____________ in her eyes.
Hör doch, unser Hund **bellt**.	Listen, our dog is _________________ .
Du darfst auch hingehen – wenn du **brav** bist!	You can go too – if you're ___________ !
Zählt mal euer Geld, bitte.	_______________ your money please.
Die Zwillinge! Schau dir **die beiden** an!	The twins! Look at _______________________ !
Sie ist ein sehr **schüchternes** Mädchen.	She's a very ____________ girl.
Lies die **Zeile** 14 im **Abschnitt** 3.	Read __________ 14 in _________________ 3.

10 Crossword

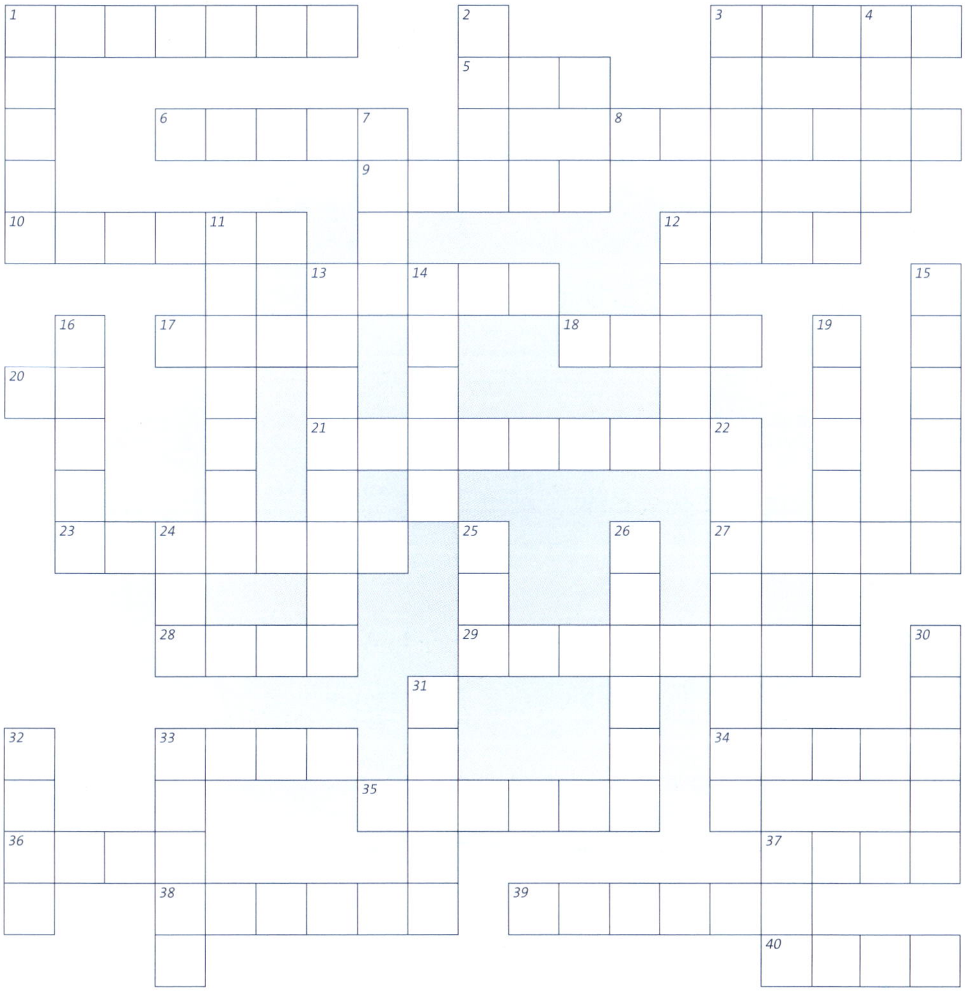

Across

1 A 'hotel' behind your car. (7)
3 Simple past of 'speak' (5)
5 Ananda can't go to school today because she's ★. (3)
6 sit – sat/stand – ★
8 Lots of people need them to see better. (7)
9 opposite of 'friend' (5)
10 You'll get 5 ★ for the right answer. (6)
12 opposite of 'fast' (4)
13 I ate biscuits and ★ milk. (5)
17 opposite of 'hate' (4)
18 After he got up Jack ★ the table for breakfast. (4)
20 take photos/★ sport (2)
21 Germany, France and Britain are European ★. (9)
23 You put rubbish in it. (7)
27 cloud – cloudy/rain – ★ (5)
28 simple past of 'wear'
29 opposite of 'boring'
33 simple past of 'feel'
34 Have you got a book ★ English dogs? (5)
35 do – did/buy – ★ (6)
36 a small green animal that can jump well (4)
37 60 minutes = 1 ★
38 a house for cars (6)
39 a place where you can see films (6)
40 Your room is always so neat and ★. (4)

Down

1 opposite of 'expensive' (5)
2 you – yours/me – ★
3 opposite of 'big' (5)
4 Jo didn't know the answer, but Dan ★ it. (4)
7 plural of 'deer' (4)
11 I ★ about the problem and then I found an answer. (7)
12 I hope the sun will ★ today. (5)
13 noun – description/verb – ★
14 very bad, terrible
15 something – somebody/nothing – ★
16 simple past of 'find'
19 The cupboard is empty – there's ★ in it.
22 verb – survive/noun – ★
24 simple past of 'see'
25 simple past of 'eat'
26 verb – fly/noun – ★
30 opposite of 'before'
31 simple past of 'choose'
32 American English: elevator British English: ★
33 You can't see very far on a ★ day. (5)
37 You wear it on your head.

Unit 4

New words ▸ p. 60 – 61

Er lud seine Freunde und **Verwandten** ein.	He invited his friends and ______________ .
Wollt ihr in den **Themenpark** gehen?	Do you want to go to the ______________ .
Das **Open-Air-Konzert** beginnt um 19 Uhr.	The ______________ starts at 7 pm.
Die **Luft** an der **Küste** ist sehr gut.	The ________ at the ______________ is very good.
Dieses Dorf ist sehr **sauber**.	This village is very ______________ .
Und es gibt so viele **Kühe** hier.	And there are so many ______________ here.
Einige Städte sind so **schmutzig**!	Some cities are so ______________ .
Oft gibt es viele **Fabriken** dort.	There are often lots of ______________ there.
Unsere Freunde leben auf einem **Bauernhof**.	Our friends live on a ______________ .
Jetzt spielen sie **auf dem Feld**.	Now they're playing ______________ .
Ein Spaziergang im **Wald** ist auch schön.	A walk in the ______________ is nice too.
Die **Hügel** sind nicht weit von hier.	The ______________ aren't far from here.
In der Stadt ist es oft sehr **laut**.	It's often very ______________ in the city.
Können wir in diesem **Fluss** schwimmen?	Can we swim in this ______________ ?
Es gibt viele **Schafe** im **Tal**.	There are lots of ________ in the ________ .
In London ist viel **Verkehr**.	There's lots of ______________ in London.
Dan kann seinen **Schlafanzug** nicht finden.	Dan can't find his ______________ .
Gestern hatten wir **walisisches** Essen.	Yesterday we had ______________ food.

1 Odd word out

Ein Wort passt nicht. Finde und unterstreiche es.

1 coast – forest – clean – hill

2 clean – hear – neat – tidy

3 river – tower – bridge – castle

4 Welsh – French – Germany – English

5 chicken – farm – cow – sheep

6 rhino – hippo – camel – woodpecker

7 kitchen – bathroom – hall – yard

8 noise – awful – horrible – terrible

New words ▸ *p. 62*

Die Pizza **riecht** großartig.	The pizza ________ great.
Papa ist in der Küche – er **kocht** gerade.	Dad's in the kitchen – he'________ .
Die **Suppe** war sehr gut.	The ________ was very good.
Lass uns ins **Eisenbahn**museum gehen.	Let's go to the ________ museum.
Das ist langweilig. Lasst uns ein **Picknick** machen.	That's boring. Let's go for a ________ .
Wohnen noch Leute in diesem **Schloss**?	Do people still live in this ________ ?
London liegt im **Süden** Englands.	London is in the ________ of England.
Wie groß ist ein **Fußballfeld**?	How big is a ________ ?
Der See ist **umgeben** von Bäumen.	The lake is ________ by trees.
Ich fürchte, wir werden unseren Zug **verpassen**.	I'm afraid we'll ________ our train.
Bitte lest auch den nächsten **Absatz**.	Please read the next ________ too.

2 What's the word: *in* or *on*?

*Füge **in** oder **on** in die Lücken ein. Trage die passende deutsche Präposition in dieTabelle ein.*

1 We live __in__ a big city.	__in__ einer großen Stadt
2 But our friends live ________ the country.	________ dem Land
3 Can you write it ________ the board, please?	________ die Tafel
4 The twins are ________ the train now.	________ Zug
5 Look at all those clouds ________ the sky.	________ Himmel
6 Ananda is talking to Sophie __on__ the phone.	__am__ Telefon
7 It's raining now, but we can meet ________ the afternoon.	________ Nachmittag
8 Let's listen to the weather report ________ the radio.	________ Radio
9 We often have snow here ________ March.	________ März
10 Can you see Dan ________ the photo?	________ dem Foto
11 We watched a great film ________ the plane to New York.	________ Flugzeug
12 Cabot Tower is ________ the left.	________ der linken Seite

New words ▸ p. 63

Wir essen manchmal **Schinkenspeck** und Eier.	Sometimes we eat ________________ and eggs.
Du hast **noch nicht** den Schreibtisch aufgeräumt.	You have___'___ tidied the desk __________ .
Ich habe **gerade** dieses Buch begonnen.	I've _____________ started this book.
Ich habe Sandwiches **gemacht**. Willst du eins?	I've ____________ sandwiches. Do you want one?
Du kannst auch ein Stück **Pastete** haben.	You can have a piece of __________ too.
Hast du mein Mäppchen **gesehen**?	Have you _____________ my pencil case?
Papa ist gerade nach Hause **gekommen**.	Dad has just _____________ home.
Geht's dir heute wieder **gut**?	Are you _____________ again today?

3 Word snake

Finde zehn Infinitive in der Wortschlange und ergänze die fehlenden Formen.

1	be	was	been	6	______	______	______
2	______	______	______	7	______	______	______
3	______	______	______	8	______	______	______
4	______	______	______	9	______	______	______
5	______	______	______	10	______	______	______

4 Word friends

Welche Wörter passen zu dem, was die Maus gerade denkt? Finde für jede Maus die zwei richtigen Käsestücke.

5 The fourth word

Welches Wort fehlt hier?

1 bad – good / dirty – ______________

2 describe – description / explain – ______________

3 word – sentence / sentence – ______________

4 slow – fast / quiet – ______________

5 eyes – see / nose – ______________

6 do – done / take – ______________

7 cow – cows / sheep – ______________

8 England – English / Wales – ______________

6 Word mix

Bringe die Wörter in die richtige Reihenfolge.

1 Wales. on go holiday to Let's — Let's go on holiday to Wales.

2 are fantastic There old lots there. castles of ______________

3 mountains, and You'll see valleys. hills ______________

4 an place. interesting The railway is museum. ______________

5 Welsh Welsh. people speak Many ______________

6 speaks too. everybody English But ______________

7 the language! have So won't we problems with ______________

7 Hour glasses

Übersetze die Wörter und trage sie in die passende Sanduhr ein.

1 Bett – vor

2 sich einigen – Füchse

3 leer – Strand

4 Salat – witzig, komisch

5 schlecht, schlimm – hinzufügen, ergänzen

6 Hund – war

7 beobachten – hasste

8 andere(r,s) – Geräusch, Lärm

9 Fußboden – Pause

10 Ende, Schluss – sind

Das geheime Wort in der rechten Sanduhr heißt: Englisch ______________

Deutsch ______________

New words ▸ p. 64

Oje! Dan **hat Fieber**	___ ! Dan ___ .
Die **Temperatur** heute ist ungefähr 19°.	The ___ today is about 19°.
Jo, kannst du ein **Thermometer** holen?	Jo, can you get a ___ ?
Dan hat auch **Halsschmerzen.**	Dan has got a ___ too.
Meine Augen **tun weh.**	My eyes ___ .
Trink etwas Tee – er ist gut für deinen **Hals.**	Drink some tea – it's good for your ___ .
Kannst du **mit dem** Kopf **nicken**?	Can you ___ head?
Er hat **Kopfschmerzen**, vielleicht sogar die **Grippe**.	He has a ___ , maybe even ___ .
Anne hat scheckliche **Magenschmerzen.**	Anne has got a terrible ___ .
Es ist schade, dass du im Bett bleiben musst.	___ that you must stay in bed.
Die **Sanitäter** werden dir helfen.	The ___ will help you.
Tim **hat** sich gestern den Arm **gebrochen.**	Tim ___ his arm yesterday.

8 Word search: parts of the body

Finde 18 Wörter, die im Rätsel versteckt sind, und dann das „geheime Wort". (↓ →)

arm

P	C	A	P	F	U	B	T	O	E	S
A	A	R	E	O	H	F	K	K	A	T
W	T	M	J	O	Y	I	N	J	R	O
S	O	T	U	T	V	N	E	H	X	M
H	O	F	A	C	E	G	E	H	Y	A
O	T	N	T	I	C	E	E	Y	E	C
U	H	O	H	A	M	R	Y	X	R	H
L	E	G	R	N	O	S	E	R	G	D
D	A	H	O	F	U	S	H	A	N	D
E	R	E	A	S	T	M	H	A	I	R
R	T	O	T	Q	H	E	A	D	O	Q

The secret word:

T _ _ _ M _ _ _ _ _ R

New words ▸ *pp. 65 – 69*

Hast du **jemals** einen Computer benutzt?	Have you ____________ used a computer?
Ja, aber ich kann keine Software **installieren.**	Yes, but I can't ________________ software.
Aber die **Installation** ist sehr einfach.	But the ______________________ is very easy.
Ich möchte jetzt **chatten.**	I'd like to ____________ now.
Das wird mein erster **Chat** sein.	This will be my first ____________ .
Kannst du mir diese Seite **ausdrucken**?	Can you __________ this page _______ for me?
Die Seite mit der **Anleitung**?	The page with the ________________________ ?
Auf Seite 10 **steht**, dass ich die Maus brauche.	It __________ on page 10 that I need the mouse.
Ja, du musst auf „Installieren" **klicken.**	Yes, you have to __________ on 'install'.
Dann kannst du deinen Namen **eingeben.**	Then you can ______________ your name.
Was **bedeutet** dieses Wort?	What does this word ____________ ?
Kannst du seinen walisischen **Akzent** verstehen?	Can you understand his Welsh _____________ ?
Das „k" in „know" ist ein **stummer Buchstabe.**	The 'k' in 'know' is a _____________________ .

9 Lost words

Ergänze die Sätze mit den Wörtern aus den Luftballons.

1 Are you new here? I've never seen you before.

2 We've been to London, but we haven't been to Wales ____________ .

3 I've ____________ bought a new CD. Would you like to hear it?

4 I play football, but I've ____________ played badminton.

5 Sorry, Jo isn't here. Oh, wait ... he's ______________ come through the door.

6 Have you seen the new film ____________ ? It's really very good.

7 Jack, tidy your room now, please. I've __________________ asked you three times.

8 Have you ____________ visited the railway museum?

9 I've _______________ been to England, but I'd like to go there.

10 Hurry up, please. We're _________________ 15 minutes late.

New words ▸ *pp. 72 – 74*

Das Telefon **klingelt**!	The phone's ______________ !
Kannst du **den Hörer abnehmen**?	Can you ______________________ ?
Wie passierte der **Unfall**?	How did the ______________ happen?
Wir **dürfen** den Schulhof nicht verlassen.	We _____n't ______________ to leave the yard.
Es tut mir leid, dass ich nicht kommen **konnte**.	I'm sorry I _______n't __________ to come.
Unser Haus steht auf der linken Straßen**seite**.	Our house is on the left _________ of the road.
Ein **Feuerwehrmann** rettete das kleine Kind.	A ______________ saved the little child.
Wie schnell kannst du hundert **Meter** laufen?	How fast can you run a hundred __________ ?
Kannst du diese Kiste für mich **halten**?	Can you __________ this box for me?
Bin ich **stark** genug?	Am I ___________ enough?
Ich denke, ich bin zu **schwach**.	I think I'm too __________ .
Gestern **fiel** ein Mann in den Fluss.	A man __________ into the river yesterday.
Er kann nicht sprechen – er ist noch **bewusstlos**.	He can't talk – he's still ______________ .
Der **Ehemann** von Frau Kapoor ist aus Uganda.	Mrs Kapoor's ____________ is from Uganda.
Herr Kapoor ruft gerade seine **Ehefrau** an.	Mr Kapoor is phoning his ________ .
Bist du schon mal im **Krankenhaus** gewesen?	Have you ever been in ______________ ?
Das war knapp!	__________________________ !
Herr Smith hat sechs **Enkelinnen**.	Mr Smith has six __________________ .
Hat er auch **Enkel**?	Has he got ___________________ too?
Es gab keine **Verletzungen** bei dem Spiel.	There were no ____________ in the match.

10 Word pairs

Welche Wörter passen zusammen?

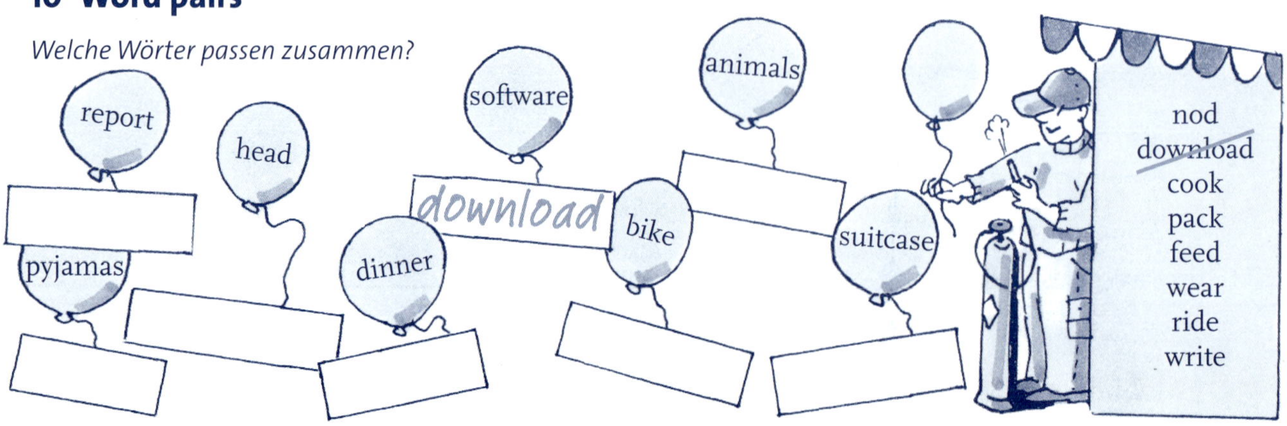

11 Pronunciation

Vervollständige die Listen mit Wörtern aus der Box.
In jeder Liste müssen sich die Wörter reimen.

Markiere für jede Liste das passende Lautschriftsymbol.

~~could~~ heart made note
part played start stayed
throat wood would wrote

could	(ʊ)	art	ʊ	afraid	ʊ	boat	ʊ
good	əʊ	______	əʊ	______	əʊ	______	əʊ
______	ɑː	______	ɑː	______	ɑː	______	ɑː
______	eɪ	______	eɪ	______	eɪ	______	eɪ

Ordne die Lautschrift dem Wort zu.

1	kʊk	woman	*4*	ɑː	chance	*7*	greɪ	grey	*10*	'ʃəʊldə	alone
2	fʊt	cook	*5*	tʃɑːns	laugh	*8*	ɪk'spleɪn	wave	*11*	kəʊld	shoulder
3	'wʊmən	foot	*6*	lɑːf	are	*9*	weɪv	explain	*12*	ə'ləʊn	cold

Can explain hurts the why
woman's shoulder you

Ordne die englischen Wörter der Lautschrift zu, um den „geheimen Satz" zu finden.

______ ______ ______ ______ ______ ______ ______ ______?
kən juː ɪk'spleɪn waɪ ðə wʊmənz 'ʃəʊldə hɜːts

12 Word ladder

Gehe von unten nach oben, indem du bei jeder Sprosse einen Buchstaben veränderst.

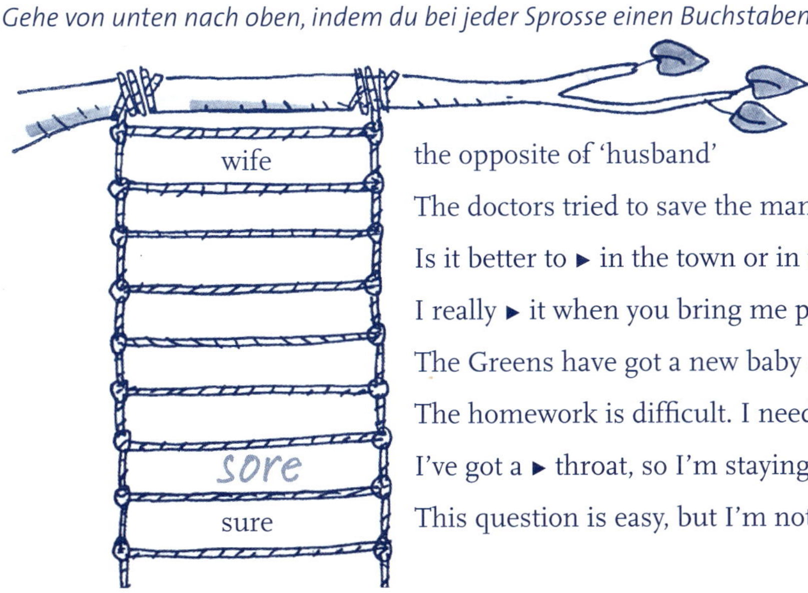

the opposite of 'husband'
The doctors tried to save the man's ▸.
Is it better to ▸ in the town or in the country?
I really ▸ it when you bring me presents.
The Greens have got a new baby so they want to ▸to a bigger flat.
The homework is difficult. I need some ▸ time to finish it.
I've got a ▸ throat, so I'm staying at home today.
This question is easy, but I'm not ▸ about the next one.

Unit 5

New words ▸ *pp. 76 – 77*

Ich bin dran. Gib mir bitte die **Würfel**.	It's my turn. Give me the ____________ please.
Wie viele **Spielsteine** brauchen wir?	How many ____________________ do we need?
Ich kann **ein Feld vorgehen**.	I can ____________________________ .
Nein, du musst **ein Feld zurück**.	No, you have to _________________________ .
Brunel war ein berühmter **Ingenieur**.	Brunel was a famous ____________________ .
Hat er diesen Bahnhof **gebaut**?	Did he _______________ this station?
Diese **Kneipe** ist über 300 Jahre alt.	This __________ is over 300 years old.
Jetzt muss ich **einmal aussetzen**.	Now I have to _________________________ .
Würfle noch einmal.	______________________________________ .
Ist es ein **internationales** Projekt?	Is it an ____________________________ project?
Ich bin noch nie mit einem **Heißluftballon** geflogen.	I've never flown in a _____________ .
Brauchen wir viele **Luftballons** für die Party?	Do we need many _____________ for the party?
Es ist gefährlich, **über** die Straße zu laufen.	It's dangerous to run ____________ the street.
Die Schlittschuhbahn ist heute **geschlossen**.	The ice rink is ____________________ today.
Wir kaufen unser Obst auf dem **Markt**.	We buy our fruit at the ____________________ .
Obst ist sehr **gesund**.	Fruit is very _________________ .
Haben wir Zeit für einen **Imbiss**?	Do we have time for a ____________________ ?
Deutschland ist **berühmt für** seine Autos.	Germany is _______________________ its cars.
Brauchst du **Zucker** für deinen Tee?	Do you need _______________ for your tea?
Der internationale **Handel** wächst Jahr für Jahr.	International __________ is growing year for year.
In jenen Tagen gab es viele **Sklaven**.	In those days there were many ______________ .
Papa mag **britische** Musik aus den 60ern.	Dad likes ______________ music from the 1960s.
Unsere neuen Nachbarn sind **Briten**.	Our new neighbours are _________________ .
Sind sie **reich** oder arm?	Are they ____________ or poor?
Wann **kommt** der Flug **an**?	When does the flight _______________ ?

1 A German-English crossword

Across

3 stark (6)
7 schlecht, schlimm (3)
8 wenn, falls (2)
9 hoffen (4)
11 Sklave, Sklavin (5)
13 Ehemann (7)
15 verletzt (4)
16 Imbiss (5)
17 auf (2)
19 Ingenieur (8)
23 Feuerwehrmann (7)
24 Zucker (5)

Down

1 stürzen, hinfallen (4)
2 Mäuse (4)
4 zwei (3)
5 eins (3)
6 Enkel (8)
10 Kneipe (3)
12 ankommen (6)
13 Krankenhaus (8)
14 Inliner fahren (5)
15 er (2)
18 Ehefrau (4)
20 brauchen (4)
21 klingeln, läuten (4)
22 Auto (3)

2 Spot the mistakes

In jedem Satz sind zwei Fehler. Finde und korrigiere sie.

1 You can get idees for your trip at the turist information. ideas ______
2 Do you no what we can do hear in Bristol? ______ ______
3 You can learn about sience at this exiting museum. ______ ______
4 Or lern about slavs on the farms in the Caribbean. ______ ______
5 Or spend an our on the ice if you have enaugh time. ______ ______

3 Word snail

Trage die englischen past participles der angegebenen Wörter in die Schnecke ein. Die Anfangsbuchstaben in der Schnecke helfen dir.

New words ▸ *pp. 78 – 79*

Ist das der Bus, **der** zum Bahnhof fährt?	Is that the bus ____________ goes to the station?
Ich brauche **Material** für eine **Broschüre**.	I need ______________ for a _______________ .
Das ist die Fabrik, **die** CDs **produziert**.	That's the factory _____________________ CDs.
Das ist der Junge, **der** den Preis gewonnen hat.	That's the boy ____________ won the prize.
Das kapier ich nicht.	____________________________________
Wie wichtig ist dieses **Ereignis**?	How important is this ________________ ?
Das ist der Junge, **dessen** Vater aus Wales kommt.	That's the boy _____________ dad is from Wales.
Hast du schon die **Statue** von Brunel gesehen?	Have you seen the _____________ of Brunel yet?
Ein **Fotograf** hat ein Foto von mir gemacht.	A ______________________ took a photo of me.
Ist das ein **Lexikon** oder ein Wörterbuch?	Is that an ________________ or a dictionary?
Oma **ist** 1948 **geboren**.	Grandma ______________________ in 1948.
Habt ihr euch schon **für** ein Thema **entschieden**?	Have you ______________________ a topic yet?
Ich mochte ihn, und wir **wurden** bald Freunde.	I liked him and we soon ____________ friends.
Hast du Angst vor **Tunneln**?	Are you afraid of ____________________ ?
Er **erholte** sich schnell von dem Unfall.	He _______________ quickly from the accident.
Unser Auto **wurde** in Deutschland **gebaut**.	Our car _____________________ in Germany.
Unsere Eltern können **stolz auf** uns sein.	Our parents can be ___________________ us.
Bitte **markiere** wichtige Informationen.	Please _______________ important information.

4 What's the word: *who* or *which*?

*Füge **who** oder **which** in die Lücken ein.*

1 Is that the shop ____________________ sells cheap DVDs?

2 Who's the woman ____________________ wrote that famous book?

3 I'm looking for a hobby ____________________ doesn't cost too much.

4 Do you know anybody ____________________ comes from England?

5 I'd like to meet somebody ____________________ has the same hobbies as me.

6 I've found a website ____________________ helps with English grammar problems.

7 Hello! Are you the student ____________________ doesn't like crocodiles?

New words ▸ p. 80

Diese Pizza ist **köstlich**.	This pizza is ______________________ .
Ich kann es nicht machen – es ist **unmöglich**.	I can't do it – it's ______________________ .
Ist es **möglich**, mit dem Bus dorthin zu fahren?	Is it ____________________ to go there by bus?
Das ist eine **dumme** Idee.	That's a ____________ idea.
Tim spielt **ziemlich** gut, aber Jo spielt besser.	Tim plays ____________ well, but Jo plays better.
Kannst du mir bitte ein Glas Wasser **bestellen**?	Can you _________ me a glass of water, please?
Was darf ich euch bringen?	___________________________________ ?
Welchen **Geschmack**? – **Erdbeer**!	Which ____________ ? – ____________________ !

5 Word search

Finde im Rätsel die gezeichneten Dinge und markiere sie. (↓ →)

1 

2 

3 

4 

5 

6 

T	H	E	R	M	O	M	E	T	E	R	M
G	L	O	V	E	S	S	E	M	F	H	O
T	U	R	A	I	L	W	A	Y	A	Y	U
U	S	T	A	T	U	E	J	E	C	R	N
N	Y	Q	N	X	K	I	Z	L	T	C	T
N	N	U	G	E	T	I	C	E	O	C	A
E	O	F	E	A	N	F	Q	F	R	S	I
L	O	O	L	T	D	O	R	B	Y	H	N
H	E	A	R	T	M	R	I	C	B	E	S
P	C	A	S	T	L	E	V	Z	C	E	Y
P	Y	J	A	M	A	S	E	I	O	P	O
V	I	D	I	C	E	T	R	J	W	K	R

7 

8 

9 

10 

11 

12 

13 

14 

15 

16 

6 Odd word out

Unterstreiche das Wort, das nicht passt.

1 German – British – Bristol – French

2 build – explain – say – tell

3 grandson – cousin – sister – family

4 terrible – famous – horrible – awful

5 mountain – lake – tunnel – river

6 play – practise – proud – put

New words ▸ *pp. 81 – 84*

Schließ bitte **ab**, bevor du gehst.	Please ________________ before you go.
IT steht für **Informationstechnologie**.	IT stands for ______________________ .
Jemand hat versucht, mein Handy zu **stehlen**.	Somebody tried to __________ my mobile.
Hat jemand den **Dieb** gesehen?	Did anybody see the __________ ?
Die Show **findet** heute Abend **statt**.	The show _________________ this evening.
Menschen **aus der ganzen Welt** besuchen London.	People __________________ visit London.
Ich mag die Farbe, aber nicht die **Form**.	I like the colour, but not the __________ .
Wie kann ich meinen Aufsatz besser **strukturieren**?	How can I ______________ my essay better?
Das war eine interessante **Diskussion**.	That was an interesting ________________ .
Ich bin **anderer Meinung als** du.	I _____________________ you.
Das ist eine schöne Katze. Wie **heißt** sie?	That's a nice cat. What ___ she __________ ?

7 Word families

Vervollständige die Tabelle.

verb	noun
build	building
explain	
	invitation
install	
	work
survive	
	song
win	
	visitor
smell	

8 Opposites

Trage das Gegenteil der fett gedruckten Wörter in die Lücken ein.

1 a **strong** / ______ man

2 Is the shop still **open** / ______________ ?

3 He came from a very **poor** / _________ family.

4 When does your flight **leave** / ___________ ?

5 the **end** / _________________ of the film

6 a good **wife** / _______________

7 Is this really **possible** / _____________ ?

8 **dirty** / _____________ clothes

9 When is he going to **move in** / _____________ ?

10 a town in the **north** / _____________

11 **take off** / _____________ a pullover

12 an **expensive** DVD / _______________

9 Numbers and letters

Zu jeder Zahl gehört ein Buchstabe. Finde die Lösungswörter und dann den „geheimen Satz".

1 Did the ___ ___ ___ ___ ___ ___ ___ arrive at the fire on time?
(14 6 3 1 11 1 5)

2 We have to write an essay for our history ___ E ___ ___ ___ ___ R .
(4 1 8 2 12 1 3)

3 She's a ___ ___ ___ ___ ___ ___ in a famous band.
(16 6 5 9 1 3)

4 Brunel? He was a famous British ___ ___ ___ ___ ___ ___ ___ ___ .
(1 5 9 6 5 1 1 3)

5 Sophie's aunt and uncle work at a hospital – they're both ___ ___ ___ ___ ___ ___ ___ .
(17 10 2 4 10 3 16)

6 A TV ___ ___ ___ ___ ___ ___ ___ ___ asked Jack questions about the accident.
(3 1 7 10 3 4 1 3)

7 A ___ ___ ___ ___ ___ ___ ___ ___ ___ ___ ___ stopped me because my bike had no lamp.
(7 10 13 6 2 1 15 10 11 8 5)

8 Mike and Jane are ___ ___ ___ ___ ___ ___ ___ ___ ___ ___ ___ ___ ___ ___ ___ in a pet shop.
(16 12 10 7 8 16 16 6 16 4 8 5 4 16)

The secret sentence is

___ ___ ___ ___ ___'___ ___ ___ ___ ___ ___, ___ ___ ___ ___ ___ ___ ___ B ___ ___ ___ ___ ___ ___!
(15 12 1 5 6 11 10 13 17 1 3 6 15 8 5 4 4 10 18 1 8 16 4 8 3)

10 Word friends

Die Wörter in zwei Käsestücken passen zum Verb im Schild. Finde sie.

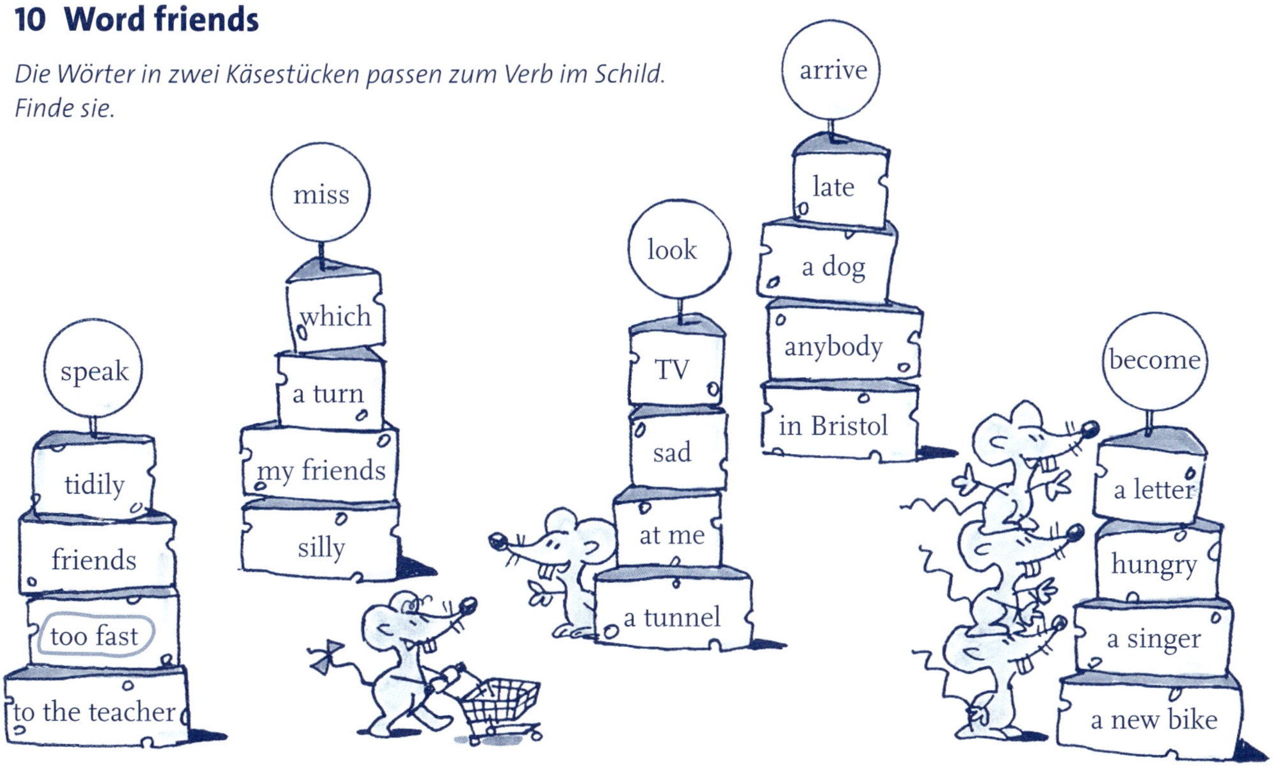

New words ▸ pp. 88 – 90

Wird die Polizei die Bankräuber **fangen**?	Will the police ______________ the bank robbers?
Jane hat das Geld gestohlen. Ich habe **Beweise**.	Jane stole the money. I've got ________________ .
Kim! Dein Zimmer sieht furchtbar aus! – **Na und**?	Kim! Your room looks terrible. – ___________ ?
Wie können wir dem Dieb **eine Falle stellen**?	How can we ________________________ the thief?
Hast du viel Geld in deiner **Geldbörse**?	Have you got much money in your ____________ ?
Sie ist eine ganz **besondere** Freundin.	She's a very ________________ friend.
Schöner **Ring**! Hast du viel Schmuck?	Nice ___________ ! Do you have much jewellery?
Hör doch, etwas **piepst**.	Listen, something is ___________________ .
Ich kann keinen **Piepton** hören.	I can't hear a ___________________ .
Komm schnell, wenn ich **pfeife**.	Come quickly when I ______________________ .
Hast du nicht die **Pfeife** gehört?	Didn't you hear the ___________________ ?
Halt den Mund! Wir müssen jetzt still sein.	___________________ ! We have to be quiet now.
Alles was wir jetzt tun müssen, ist ruhig sein.	_________________________________ is to be quiet.
Lasst uns **hier entlang** gehen.	Let's go _________________________ .
Nein. Du gehst **in die falsche Richtung**.	No. You're going ___________________________ .
Wir können den **Hausmeister** fragen.	We can ask the ________________________ .
Hat die **Putzfrau** die Fenster sauber gemacht?	Has the ________________ cleaned the windows?
Ich will nur ein Würstchen. Nimm bitte den **Rest**.	I only want one sausage. Please take the _______ .
Das ist nicht meine Tasche. **Gehört** sie dir?	That's not my bag. Does it ______________ to you?
Das wird ein **Fall** für die Polizei sein.	That will be a ______________ for the police.
Ich verstehe es nicht. Es ist ein **Rätsel**.	I don't understand it. It's a ___________________ .

11 The fourth word

1 love – hate / agree – ________________________

2 taught – teach / caught – ____________________

3 choose – chosen / swim – ___________________

4 TV – watch / booklet – ______________________

5 things – which / people – ___________________

6 uncle – aunt / grandson – ___________________

7 teacher – school / doctor – __________________

8 men – women / husbands – _________________

12 Definitions

Vervollständige die Definitionen mit Wörtern aus dem Zettel.
Trage die richtigen Wörter von der Tafel in die rechte Spalte ein.

buy bridges designs ~~drink~~ friends job
magazine other place small steals take

1 In this place people *drink* and talk to their ______________ . *pub*

2 People ______________ and sell things at this ______________ . ______________

3 A bad person: he ______________ things from ______________ people. ______________

4 This person's ______________ is to ______________ photos. ______________

5 It's a bit like a ______________ or a ______________ book. ______________

6 This person ______________ roads and ______________ . ______________

13 Word groups

Trage die Wörter aus der Wiese in die richtige Blume ein.

aunt bar bathroom bedroom café cinema cousin daughter dining room
grandson hall hamburger husband kitchen lettuce ~~living room~~ market meat
orange parents pizza ~~popcorn~~ pub ~~shop~~ strawberry toilet wife

Unit 6

New words ▸ p. 94

Dies ist eine alte **römische** Straße.	This is an old ____________ road.
Und dies ist ein römisches **Bad**.	And this is a Roman ____________ .
Setzen wir uns an den **runden** Tisch.	Let's sit down at the ____________ table.
Sie bauten Häuser aus Holz und **Stein**.	They built houses with wood and ____________ .
Es gibt eine große **Mauer** um den Garten.	There's a big ____________ round the garden.
Könntest du mir das **Handtuch** herüberreichen?	Could you pass me the ____________ ?
Willst du **dich massieren lassen**?	Do you want to ____________________ ?
Lass uns später **in die Sauna gehen**.	Let's ________________________ later.
Es ist schön, **sich** nach harter Arbeit **auszuruhen**.	It's nice to ____________ after hard work.
Wie benutzt man diese **Maschine**?	How do you use this ________________ ?

1 Lost words

Ergänze die Sätze mit den angesprühten Wörtern.

1 Bath is about 12 miles southeast __of__ Bristol.

2 The city is famous ________ its Roman buildings.

3 The Romans came ________ Britain in the year 43.

4 They stayed there ________ about 450.

5 ________ 43 and 25 they built lots of towns.

6 And they built roads, so people could travel faster ________ town to town.

7 The most important town ________ Roman Britain was London.

8 The Roman name ________ London was Londinium

2 Odd word out

Ein Wort passt nicht. Finde und unterstreiche es.

1 door – window – <u>park</u> – wall

2 beautiful – round – nice – pretty

3 famous – large – medium – small

4 Roman – German – London – British

5 cheese – bread – meat – stone

6 relax – armchair – bed – sofa

New words ▸ p. 96

Lasst uns **mit dem Fahrrad** nach Hause **fahren**.	Let's ______________ home.
Es gibt einen **flachen Weg** am Fluss **entlang**.	There's a __________________________ the river.
Ich war **in** Bath, aber nur für einen **halben** Tag.	I've been ____ Bath, but only for __________ a day.
Es ist ein langer **Weg** nach Hause.	It's a long _____________ home.
Mein Bruder Tim ist ein netter **Kerl**.	My brother Tim is a nice _____________ .
Ach komm! Das habe ich dir **schon mal** gesagt.	______________ ! I've told you that ____________ .
Lass uns ins **Theater** oder ins Kino gehen.	Let's go to the _______________ or to the cinema.
Die **königliche** Familie fährt oft nach Schottland.	The _____________ family often goes to Scotland.
Wir hatten ein schönes **Gespräch** über Musik.	We had a nice __________________ about music.

3 The fourth word

Welches Wort fehlt hier?

1 earrings – ears / shoes – _____________

2 hand – fingers / foot – ______________

3 eyes – see / nose – _____________

4 head – headache / ear – ______________

5 rainy – rain / foggy – _____________

6 hot – cold / warm – _____________

7 day – sun / night – _____________

8 ship – sailor / car – _____________

9 present – presenter / reporter – _____________

10 noisy – quiet / strong – _____________

4 Word web

Übersetze die Wörter und trage sie in das Spinnennetz ein. Alle englischen Wörter haben den gleichen Endbuchstaben.

1 jeder, jede, jedes
2 neblig
3 schmutzig
4 leer
5 lustig
6 wütend, böse
7 früh
8 glücklich
9 heute
10 Tagebuch
11 Feind
12 bereit, fertig

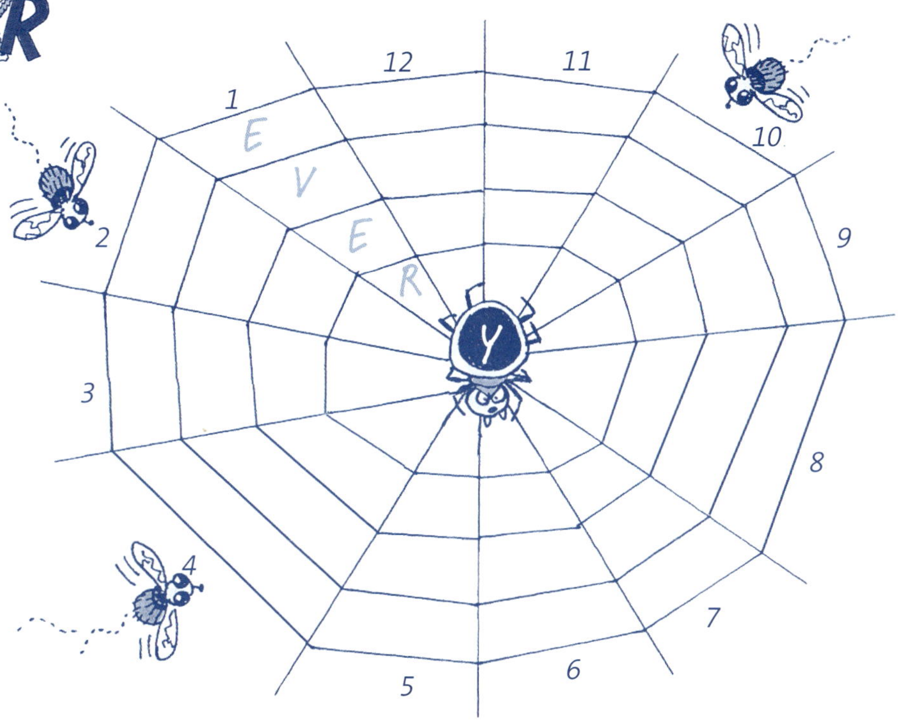

New words ▸ p. 97

Der Bus hält **gegenüber** unserem Haus.	The bus stops ____________ our house.
Die **Abtei** steht in der Mitte der Altstadt.	The ________ is in the centre of the old town.
Ich muss aufhören. Kannst du **weitermachen**?	I have to stop. Can you ____________ ?
Hast du einen **Stadtplan** von Berlin?	Have you got a ________ of Berlin?
Wir müssen hier **rechts abbiegen**.	We have to ____________ here.
Dann müssen wir die Brücke **überqueren**.	Then we have to ____________ the bridge.
Geh **geradeaus weiter** zur alten Kirche.	Go ____________ to the old church.
Gibt es ein **Postamt** hier in der Nähe?	Is there a ____________ near here?
Es ist gegenüber dem **Polizeirevier**.	It's opposite the ____________ .
Das Essen in diesem **Restaurant** ist nicht schlecht.	The food at this ____________ isn't bad.
Wo kann ich eine **Apotheke** finden?	Where can I find a ____________ ?
Hinter dem **Kaufhaus**!	Behind the ____________ !
Hast du die **Wegbeschreibung** verstanden?	Did you understand the ____________ ?

5 Word snake

In der Schlange sind zehn Infinitive versteckt.
Finde sie und ergänze die Tabelle.

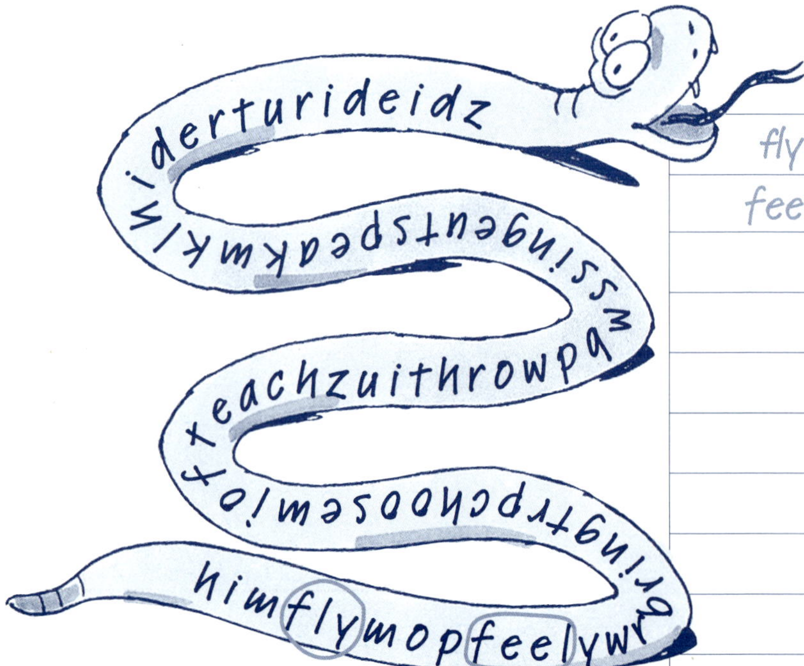

fly	flew	
feel		felt

6 Hour glasses

Übersetze die Wörter und trage sie in die passende Sanduhr ein.

1 ~~Ei~~ – schl~~imm~~
2 leer – schmutzig
3 Zeitung – Herz
4 überqueren – sonnig
5 groß – hinzufügen
6 Landkarte – sein(e)/ihr(e)
7 römisch – Bäder
8 andere(r, s) – träumen
9 Monat – piepsen
10 Kunst – aß

Das geheime Wort in der rechten Sanduhr heißt: Englisch ______

Deutsch ______

7 Word search

Finde im Gitter die Wörter, die in den Ausdrücken fehlen.

1 drink milk
2 ______ a thief
3 ______ the winter
4 ______ a house
5 ______ the road
6 ______ right
7 ______ to school
8 ______ a song
9 ______ a sauna
10 ______ jeans
11 ______ a trap
12 ______ a text

C	Y	C	L	E	X	A	N	S	P
N	T	T	U	R	N	W	E	A	R
B	C	S	S	X	U	F	H	C	R
Q	R	U	W	B	U	I	L	D	A
S	O	R	D	R	I	N	K	X	Y
C	S	V	S	N	W	O	H	U	A
A	S	I	E	P	X	C	A	E	G
N	K	V	T	G	E	Q	V	F	H
W	G	E	K	Z	I	K	E	P	Q
T	S	I	N	G	C	A	T	C	H

New words ▸ pp. 98 – 104

Ich sehe nur neun Leute. Wer **fehlt**?	I only see nine people. Who' ________________ ?
Jo steht auf der anderen Seite des **Platzes**.	Jo's on the other side of the ________________ .
Wir **brauchen nicht** auf ihn zu warten.	We ____________________ wait for him.
Oh nein! Mein MP3-Spieler **ist weg**.	Oh no! My MP3 player ____________________ .
Hi, **hier spricht** Jo. Ist Jack zu Hause?	Hi, ________________ Jo. Is Jack at home?
Lasst uns unserem Lehrer **einen Streich spielen**!	Let's __________________________ our teacher!
Wie viele **Planeten** gibt es im **Weltall**?	How many ____________ are there in ________ ?
Vielleicht **könnten** wir einen Planeten **entdecken**.	Maybe we _________________________ a planet?
Wir **dürfen** den Raum **nicht** verlassen.	We ________________ leave the room.
Wir können die Arbeit unter uns **aufteilen**.	We can ________________ the work between us.
Es gibt so viele **Sterne** nachts am Himmel.	There are so many _________ in the sky at night.
Tim war krank, aber er ging **trotzdem** zur Schule.	Tim was ill, but he __________ went to school.
Wo kann ich die **Schlittschuhbahn** finden?	Where can I find the ______________________ ?
Bitte **korrigiert** alle Fehler.	Please ____________________ all the mistakes.

8 Definitions

Vervollständige die Definitionen mit Wörtern aus den Mauersteinen. Trage die richtigen Wörter aus Kens Zeitung in die rechte Spalte ein.

between	buy	change	city	mistakes	~~see~~			
send	shop	sky	way	stamps	way	young		

1 You often __see__ them in the ________________ at night. __stars__

2 A plan: it helps you find the ____________ in a town or ______________ . ______________

3 A very big _________ : you can __________ lots of different things there. ______________

4 a place where you can buy __________ or ___________ parcels ______________

5 a ___________ person, ___________ 13 and 19 years old ______________

6 look for ____________ and ___________ them to make them right ______________

9 Words with different meanings

Finde die passenden Wörter zu den Paaren 1–10 in der Box und trage sie ein. Unterstreiche die deutschen Entsprechungen.

1
a) ein Stern am Himmel
b) der Star der Show
star

2
a) bevor ich gehe
b) Er war schon mal hier.

3
a) Ein Punkt für unser Team!
b) auf jemanden zeigen

4
a) die Fenster putzen
b) saubere Fenster

5
a) Lass uns zu Fuß gehen!
b) einen Spaziergang machen

6
a) Öffne bitte das Fenster!
b) Ist der Laden geöffnet?

7
a) Der Film ist vorbei.
b) über die Brücke

8
a) Beweg dich nicht!
b) Wir wollen bald umziehen.

9
a) eine Frage stellen
b) um Hilfe bitten

10
a Freunde vermissen
b) den Zug verpassen

Box: walk, ask, before, miss, move, open, just, point, clean, ~~star~~

10 Word ladder

Gehe von unten nach oben, indem du bei jeder Sprosse einen Buchstaben veränderst.

well	I don't feel ★ – I think I have temperature.
	When ★ you be here tomorrow?
	We climbed ★ we got to the top of the mountain.
	Like a mountain, but smaller.
	When you go through the front door you're in the ★.
	It's round and you can play games with it.
	There is one on your bike and on the front door.
	Why is the plate broken? – Because it ★ off the table.
	go – went – gone / feel – felt – ★
	fingers – hands / toes – ★
feed	The cats are hungry again. Can you ★ them, please.
need	You'll ★ a bike if you want to cycle to school.

New words ▸ pp. 105 – 107

Das Sommer**trimester** fängt im April an.	The summer ____________ starts in April.
Berlin ist unsere größte Stadt, **wie** jeder weiß.	Berlin is our biggest city, _____ everybody knows.
Kannst du einen Vogel **pantomimisch darstellen**?	Can you _________________ a bird?
Ich **mag** Judo **lieber** als Eislaufen.	I _______ judo ____________ than ice skating.
Zum Glück kamen auch die anderen zu spät an.	_______________ , the others arrived late too.
Wer ist dein Lieblings**schauspieler**?	Who's your favourite ____________ ?
Plötzlich **fiel** Jo von seinem Fahrrad **herunter**.	Suddenly Jo ______________________ his bike.
Milch und kein Zucker? – Nein, **anders herum**!	Milk and no sugar? No, ____________________ !
Dann hörte ich die **Bewegung** des Verkehrs.	Then I heard the ________________ of the traffic.
Viel Spaß im **Freizeitpark**!	Have fun at the _________________________ !
Du **zitterst**! Frierst du?	You're ______________________ ! Are you cold?
Er **gähnte** und ging ins Bett.	He _________________ and went to bed.
Hurra! Ferien!	_________________ ! Holidays!
Ich habe kein Geld. Kannst du bitte **bezahlen**?	I've got no money. Can you __________ please?
Sind **Tomaten** wirklich gesund?	Are _________________ really healthy?
Ja. Und **Kopfsalat** ist auch sehr gesund.	Yes. And _________________ is very healthy too.
Kann ich ein **Brötchen** haben?	Can I have a ____________ ?
Brunel lebte im 19. **Jahrhundert**.	Brunel lived in the 19th _________________ .
Ich **frage mich**, wie das Leben damals war.	I _________________ what life was like then.
Wir alle **jubelten**, als unsere Mannschaft gewann.	We all _______________ when our team won.
Es gab Spaß und **Gelächter** auf der Party.	There was fun and _______________ at the party.
Ich habe keine **Sorgen**, wenn ich in Urlaub bin.	I have no _______________ when I'm on holiday.
Im Sommer wird es sehr früh **hell**.	In summer it gets _______________ very early.
Ich weiß nicht, **ob** das stimmt.	I don't know _____ that's right.
Ist diese Geschichte wirklich **wahr**?	Is this story really _______________ ?
Ich hoffe, deine Träume **werden wahr**.	I hope your dreams will ____________________ .

11 Pronunciation

Vervollständige die Listen mit Wörtern aus dem Zettel.
In jeder Liste müssen sich die Wörter reimen.

bought – caught – ~~cheer~~ – deer
flight – grew – here – quite
sport – threw – true – white

Markiere für jede Liste das passende Lautschriftsymbol.

cheer	ɔː	bright	ɔː	________	ɔː	________	ɔː
dear	(ɪə)	________	ɪə	________	ɪə	brought	ɪə
________	aɪ	________	aɪ	through	aɪ	________	aɪ
________	uː	________	uː	________	uː	________	uː

Ordne die Lautschrift dem Wort zu.

1	'rɪəli	disappear	*4*	'saɪkl	behind	*7*	muːv	few	*10*	ɪn'stɔːl	thought
2	bɪəd	really	*5*	bɪ'haɪnd	cycle	*8*	'fjuː	proof	*11*	θɔːt	important
3	ˌdɪsə'pɪə	beard	*6*	ˌaɪ 'tiː	IT	*9*	pruːf	move	*12*	ɪm'pɔːtnt	install

beard behind
disappeared man rhino
the the The with

Ordne die englischen Wörter der Lautschrift zu,
um den „geheimen Satz" zu finden.

____
ðə mæn wɪð ðə bɪəd ˌdɪsə'pɪəd

____.
bɪ'haɪnd ðə 'raɪnəʊ

12 Word pairs

Welche Wörter passen zusammen?

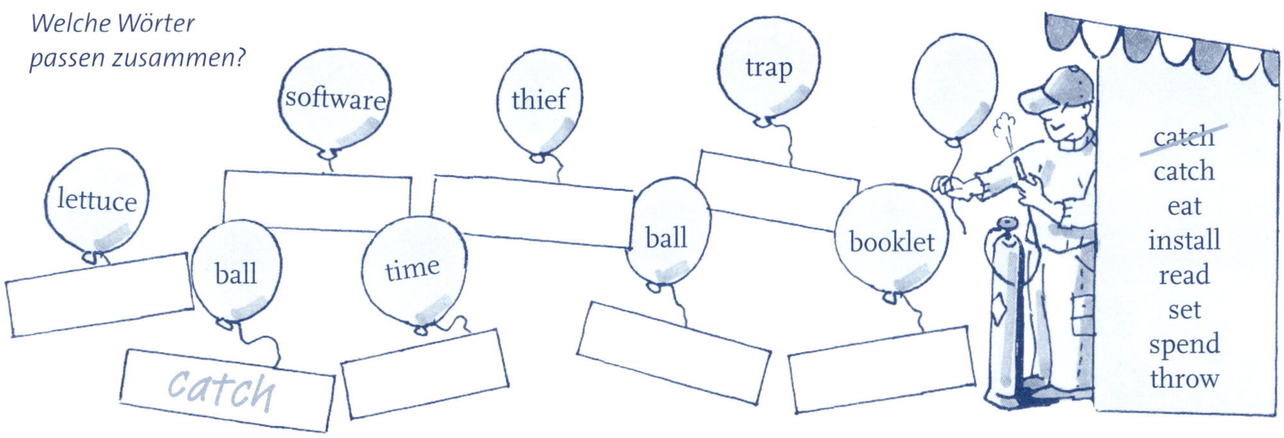

13 Crossword

Across

1 Please ★ the mistakes in your essay. (7)
2 a 'house' or 'hotel' behind a car (7)
6 see – ★ – seen (3)
9 lose – lost – ★ (4)
12 ★ 5 and 4 and you get 9. (3)
13 opposite of 'before' (5)
14 American English – elevator / British English ★ (4)
16 ★ – left – left (5)
18 Can you ★ the software please? (7)
20 throw – ★ – thrown (5)
21 Do oranges ★ in Germany? (4)
23 speak – ★ – spoken (5)
24 opposite of 'poor' (4)
26 another word for 'speak' (4)
27 a very strong wind (7)
30 You throw this away because you don't want it. (7)
32 opposite of 'background'(10)
35 another word for 'little' (5)
38 What was the thief like? Can you ★ him please? (8)
40 opposite of 'everybody' (6)
42 The languages of Wales are English and ★. (5)
43 bring – ★ – brought (7)

Down

1 opposite of 'warm' (4)
2 Germany and France are ★. (9)
3 The Elbe is a ★ in Germany. (5)
4 My name is Alex – I'm ★ the top of the list. (2)
5 I've ★ the table, so we can have lunch now. (4)
7 opposite of 'strong' (4)
8 You wear this on your head, but not for baseball. (3)
10 a famous person or something in the sky (4)
11 This person cleans houses, flats or other buildings. (7)
15 feel – ★ – felt (4)
16 German – Gelächter / English – ★ (8)
17 We ★ from London to New York in seven hours. (4)
19 stand – stood – ★ (5)
22 a word for shirt, jeans, jacket (7)
25 man – men / hero – ★ (6)
28 another word for 'terrible' (5)
29 go – ★ – gone (4)
31 he – she – ★ (2)
33 If you add blue to yellow, you get ★. (5)
34 If you ★ in the cupboard, nobody will find you. (4)
36 eat – ★ – eaten (3)
37 like something very much (4)
39 Jo can't go to school today because he's ★. (3)
41 opposite of 'small' (3)